中國地理沿革史

張相文 著

貴州出版集團
貴州人民出版社

圖書在版編目（CIP）數據

中國地理沿革史 / 張相文著 . -- 貴陽 : 貴州人民出版社 , 2024. 9. -- ISBN 978-7-221-18636-2

Ⅰ . K928.6

中國國家版本館 CIP 數據核字第 2024GH0395 號

中國地理沿革史

張相文　著

出版人　朱文迅
責任編輯　辜　亞
裝幀設計　采薇閣
責任印製　衆信科技

出版發行　貴州出版集團　貴州人民出版社
地　　址　貴陽市觀山湖區中天會展城會展東路 SOHO 辦公區 A 座
印　　刷　三河市金兆印刷裝訂有限公司
版　　次　2024 年 9 月第 1 版
印　　次　2024 年 9 月第 1 次印刷
開　　本　710 毫米 ×1000 毫米 1/16
印　　張　25.75
字　　數　155 千字
書　　號　ISBN 978-7-221-18636-2
定　　價　88.00 元

出版説明

《近代學術著作叢刊》選取近代學人學術著作共九十種，編例如次：

一、本叢刊遴選之近代學人均屬于晚清民國時期，卒于一九一二年以後，一九七五年之前。

二、本叢刊遴選之近代學術著作涵蓋哲學、語言文字學、文學、史學、政治學、社會學、目録學、藝術學、法學、生物學、建築學、地理學等，在相關學術領域均具有代表性，在學術研究方法上體現了新舊交融的時代特色。

三、本叢刊遴選之近代學術著作的文獻形態包括傳統古籍與現代排印本，爲避免重新排印時出錯，本叢刊據原本原貌影印出版。原書字體字號、排版格式均未作大的改變，原書之序跋、附注皆予保留。

四、本叢刊爲每種著作編排現代目録，保留原書頁碼。

五、少數學術著作原書内容有些許破損之處，编者以不改變版本内容爲前提，稍加修補，難以修復之處保留原貌。

六、原版書中個别錯訛之處，皆照原樣影印，未作修改。

由于叢刊規模較大，不足之處，懇請讀者不吝指正。

中國地理沿革史

卷上

卷下

中國地理沿革史

南園叢稿目錄

卷十五

中國地理沿革史卷上

中國地理沿革史

此為民國六七年在北京大學時所編講義。迄未刊印。各省常有遠道寄函求索者。今特為刊布於此。原稿共三十二章。不分卷。今為便利起見。分為上下兩卷。每卷一册。

泗陽張相文蔚西撰
男星烺校

緒言

地理學之為用極廣、而與歷史之關係尤為密切、蓋歷史者所以記述人羣進化之程序。而所以印證此程序之遺蹟者、無一事不留存於地理。故治歷史而不明地理、猶之奕者不識棋枰。而於攻守防禦之局勢、將瞀亂而莫知所措。顧於歷史中印證地理。其山川形勢既隨世運而變遷。疆宇分合常因政治而轉移。繁變紛紜、已覺不可勝紀。又或州郡僑置、地異而名同。陵谷遷移、名同而地異。今試由民國而上溯明清。地名改易。殆已十之二三。更由明清而上溯唐宋。遠及秦漢。其同者不及十之一二而異者乃至十之八九。因是考證沿革、乃占史類之重要部分。自爾雅職方以及歷代地志。皆各有專書論之。然篇帙浩繁、無暇備述。茲編特舉其大體。爲治史者開其端緒焉。

第一章　上古及夏商

上古疆域所至。

中國之開國遠矣。自民族西來、率棲息於黃河沿岸之地。伏羲神農皆都於陳。（今淮陽）然伏羲尚爲游牧社會。神農則當耕牧遞嬗時代。地廣人稀。渾渾噩噩。疆理固非所急也。至於黃帝戰勝蚩尤。北逐葷粥。東至海。西至空同。（在今平涼）南至江。四封所及、始有可稽。顓頊建九州、帝嚳受之。北至幽陵（幽州之北）南至交趾（今安南）西至流沙。東至蟠木。堯命羲仲宅嵎夷、羲叔宅南交、和仲宅西、和叔宅朔方。其治似較黃帝爲恢廓矣。中遭洪水之變、天下分絕。舜攝帝位、使禹平水土、列爲九州。復以冀北恆山之地爲并州。東北醫巫閭之地爲幽州。青州東北遼東之地爲營州。書所謂肇十有二州是也。（參觀史記五帝本紀）

夏之九州。

夏有天下、還爲九州。根據山川、以定疆界。自是內地區畫、始覺分明。故禹貢爲地理家萬世不易之書。今摘舉其大要如左。

河內惟冀州。三面距河。爲王畿之地。山曰壺口太岳。澤曰大陸。水曰衡漳恒衛。厥土白壤。厥田中中。島夷皮服。貢道夾右碣石而入河。

濟河爲兗州。水曰九河灉沮。澤曰雷夏。厥土黑墳。厥田中下。厥貢漆絲。厥篚織文。浮於濟漯。達於河。

海岱惟青州。水曰濰淄。厥土白墳。厥田上下。厥貢鹽絺。海物。如錯。岱畎絲枲鉛松怪石。厥篚檿絲。由汶達濟以入河。

海岱及淮惟徐州山曰蒙羽水曰淮沂澤曰大野厥土赤植墳厥田上中厥貢爲土五色羽畎夏翟嶧陽孤桐泗濱浮磬淮夷蠙珠暨魚厥篚玄纖縞浮於淮泗以達河

淮海惟揚州水曰三江澤曰彭蠡震澤厥土塗泥厥田下下厥貢惟金三品瑤琨篠簜齒革羽毛惟木島夷卉服厥篚織貝厥包橘柚錫貢沿江海以達於淮泗

荊及衡陽惟荊州水曰江漢潛沱澤曰九江雲夢厥土塗泥厥田中下厥貢羽毛齒革惟金三品杶榦栝栢礪砥砮丹惟箘簵楛包匭菁茅厥篚玄纁璣組浮於江沱潛漢逾於洛至於南河

荊河惟豫州水曰伊洛瀍澗滎波澤曰荷澤孟豬厥土惟壤下土墳壚厥田中上厥貢漆枲絺紵厥篚纖纊浮於洛達於河

華陽黑水惟梁州山曰岷嶓蔡蒙水曰沱潛厥土青黎厥田下上厥貢璆鐵銀鏤砮磬熊羆狐狸織皮西傾因桓是來浮於潛逾於沔入於渭亂於河

黑水西河惟雍州。山曰荊岐終南鳥鼠。水曰渭汭漆沮涇灃弱水。澤曰豬野。厥土黃壤。厥田上上。厥貢璆琳琅玕崑崙析支渠搜織皮浮於積石至於龍門西河會於渭汭。（參觀尚書禹貢又胡渭禹貢錐指）

殷之九州。

殷革夏命。詩稱九有。爾雅兩河間曰冀。河南曰豫。濟東曰徐。濟河間曰兗。河西曰雍。漢南曰荊。江西曰揚。燕曰幽。濟曰營。蓋分禹之冀而復舜之幽。又并青於徐而復舜之營。然班固漢書地理志則以為殷因於夏無所變更。爾雅所言是否殷制。已弗可詳考矣。（參觀爾雅釋地）

本期中之開化地。

由上世以迄夏殷為中國之開化時期、亦為傳疑時代。羲農皆都於陳。黃帝都於有熊。（今新鄭）又都涿鹿。（今縣）少昊都窮桑。（在今曲阜）顓頊都帝丘。（在今大名）帝嚳都亳（在今偃師）大都不外成皋以東、黃河沿岸一帶。蓋以其土地膏腴。氣候溫和。猶之埃及之泥羅、印度之恒河。最適於文明之發生地也。及堯遭洪水、始遷都於平陽。（今縣）舜禹因之。遂都蒲阪（今永濟縣）都安邑（今安邑縣）皆在河曲以東。地勢高亢。可避水患故也。

殷世湯始居亳（亳有三。南亳在今商丘。北亳在今蒙城。西亳在今偃師。湯由南亳徙都焉。）仲丁遷囂（在今滎陽）河亶甲居相（在今安陽西北）祖乙圮於耿。遷邢（在今邢台）盤庚遷殷（即西亳）武乙徙朝歌（在今濬縣）始稍稍東出。降丘宅土。復上世之舊矣。

吾族最初開化之地。大都在冀豫徐兗諸州。大江以南則揚有荊蠻、荊有三苗、有鬼方。西南則梁有蜀山氏及蠶叢魚鳧之國。大抵皆蠻民部落也。然黃帝娶於蜀山。玄囂昌意又降居江水若水。石紐為禹之所生、皆梁州地也。舜巡蒼梧。禹征三苗。殷伐鬼方。皆荊州地也。禹為塗山之會。誅防風氏。則揚州地也。舜竄三苗於三危。啟征有履后稷封於邰公劉太王遂以豳岐開基、則雍州地也。當日文明傳播之迹。固亦遠矣。

第二章　周初及春秋

周之都邑。

周自太王遷岐始改號曰周。（今陝西岐山縣）王季宅程亦曰郢。（在今陝西咸陽縣）文王遷豐（在今長安縣）由西而來。日益強盛。西伯戡黎（今山西黎城）已揃殷都之背。化及江漢。三分有二。迨武王遷鎬（在今長安）西土景從。合庸（今湖北竹山縣）蜀（今四川成都）羌（今甘肅南部）髳（四川東部或云即旄牛）微（四川東部）盧（湖北南漳縣）彭（四川彭山縣）濮（湖北石首縣之南）之衆、因以戰勝牧野（今河南淇縣南）成王營洛邑（今洛陽縣）仍爲東西兩京。懿王徙犬邱（今陝西興平縣）猶近西京。迨平王避犬戎之難、東遷於洛

而周曰衰矣。（參觀史記周本紀）

周之九州。

周初定鼎、亦號九州。屬職方氏。東南曰揚州。山會稽。（在今紹興）藪具區。（今太湖即禹貢震澤）川三江。（缺疑或云即揚子江淞江浙江）浸五湖。（缺疑或云即太湖東岸五灣）

正南曰荊州。山衡山。（今湖南衡山）藪雲夢。（在今湖北安陸縣）川江漢。（見禹貢）浸潁湛。（缺疑）潁水出河南登封縣。東南行入淮湛水出汝縣魚齒山經葉縣北入汝。

河南曰豫州。山華山。（見禹貢）藪圃田。（在今河南中牟縣）川滎洛。（見禹貢）浸波溠。（缺疑或云波汝水枝流在河南汝縣溠溳水枝流在湖北隨縣）

正東曰青州。山沂山。（在山東臨朐縣南）藪孟豬。（在河南商丘縣東北）川淮泗。（見禹貢）浸沂沭。（沂出沂山東流入泗沭亦出沂山南流入淮）

河東曰兗州山岱山（見禹貢）藪大野（見禹貢）川河泲（見禹貢）浸盧濰（缺疑盧在山東長清縣濰見禹貢）正西曰雍州山岳山（在陝西隴州）藪弦蒲（在陝西隴縣）川涇汭（涇出甘肅平涼縣西南行入渭汭出弦蒲藪東流合於涇）浸渭洛（渭出甘肅渭源縣洛出陝西白水縣南合漆沮至朝邑入渭）東北曰幽州山醫無閭（在奉天北鎮縣）藪貕養（在山東萊陽縣）川河泲（見前此爲下流）浸菑時（菑即淄見禹貢時出山東臨淄縣西合小清河）河內曰冀州山霍山（在山西霍縣）藪楊紆（在直隸甯晉鉅鹿諸縣）川漳（濁漳出山西長子縣清漳出平樂縣至河南臨漳縣而合）浸汾潞（汾出山西靜樂縣管涔山南流入河潞缺疑或云即濁漳或云即通縣白河）正北曰幷州山常山（即恆山）藪昭餘祁（在山西祁縣）川虖沱（出山西繁

時縣泰戲山東南行入海）嘔夷（見山西靈邱縣西北下流入易水）、浸淶易（淶出淶水縣西北下流入易。易出易州西山）（參觀周禮卷八職方氏。）

周代諸侯國。

世運愈進。競爭愈烈。弱小之國。即亦無能自存。禹會諸侯于塗山。執玉帛者萬國。成湯受命、存者三千餘。武王孟津之會。凡千八百國。東遷之初。尚存千二百國。迄春秋之世。僅得百餘國。而會盟征伐。章章可紀者。約十四國。

魯　姬姓。周公子伯禽之後。國於曲阜。今山東曲阜縣。侯爵。

蔡　姬姓。文王子叔度之後。國於蔡。今河南上蔡縣。平侯遷新蔡。今新蔡縣。昭侯遷州來。即下蔡。今安徽鳳臺縣。侯爵。

曹　姬姓。文王子叔振鐸之後。國於陶丘。今山東定陶縣。伯爵。

衛　姬姓。文王子康叔封之後。國於朝歌。今河南淇縣。戴公廬漕。今滑縣。文公遷楚丘。今滑縣東六十里。成公遷帝丘。今直隸濮陽縣。侯爵。

宋　子姓。殷微子啟之後。國於商丘。今河南商丘縣。公爵。

鄭　姬姓。厲王子友之後。舊都咸林。今陝西華縣。武公遷於溱洧之間。今河南新鄭縣。伯爵。

陳　嬀姓。舜後胡公之苗裔。國於宛丘。今河南淮陽縣。侯爵。

齊　姜姓。太公師尚父之後。國於營丘。今山東臨淄縣。侯爵。

晉　姬姓。武王子叔虞之後。國於唐。今山西太原縣北。燮父徙居晉。今太原縣治。穆侯徙絳。孝侯改絳曰翼。亦曰故絳。今翼城縣東南。景公遷新田。仍稱絳。今曲沃縣之侯馬也。侯爵。

許　姜姓。伯夷後文叔之後。舊都許。今河南許昌縣治東。靈公遷葉。即今葉縣。悼公遷城父。今安徽亳縣東南。又遷於白羽。今河南內鄉縣。男爵。

秦　嬴姓伯益苗裔非子之後。國於秦今甘肅清水縣。莊公居犬丘。今天水縣西南。襄公徙汧今陝西隴縣。文公卜居汧渭之間。今郿縣在北。寧公徙平陽今郿縣西。德公徙雍今鳳翔縣。獻公徙櫟今臨潼縣北。孝公徙都咸陽。今咸陽縣東。伯爵。

楚　芈姓文王師熊繹之後。國於丹陽今湖北秭歸縣東南。武王遷郢。今江陵縣北。昭王遷鄀。旋還郢。襄王東北保陳。今河南淮陽。考烈遷壽春今安徽壽縣子爵。

吳　姬姓太王子太伯之後。國於梅里今江蘇無錫縣東南。諸樊徙吳即今吳縣子爵。國語本爲伯爵。

越　姒姓。夏后少康子。苗裔。國於會稽今浙江紹興縣。句踐徙瑯琊今山東諸城縣東南。子爵。

此外子男附庸之屬、可考見者、凡一百三十餘國。

邾 今鄒縣文公遷繹今鄒縣東南。

滕 今滕縣。

薛 今滕縣西南。

莒 今莒縣。

茅 今金鄉縣。

向 今臨沂縣南或曰今安徽懷遠縣東北。

紀 今壽光縣西南。

夷 今即墨縣西。

郳 今滕縣東南。

鄟 今嶧縣東。

郭　今聊城東北。

遂　今寧陽縣。

譚　今歷城縣東南。

偪陽　今嶧縣南。

郜　今城武縣。

鑄　今寧陽縣西北。

邿　今濟寧縣東南。

鄹　今鄒城縣東北。

宿　今東平縣東。

任　今濟寧縣東。

須句　今東平縣。

顓臾　今費縣西北。

郯　今郯城縣。

州　今安丘縣

於餘丘　今臨沂境。

牟　今萊蕪縣東。

鄣　今東平縣東。

郕　今汶上縣北。

鄅　今臨沂縣北。

極　今魚台縣西南

根牟　今沂水縣南

陽　今益都縣東南。齊遷之於陽都今沂水縣南。

介　今高密縣西。

萊　今蓬萊縣或曰今黃縣東南。

右三十三國皆在山東境內。

杞　今杞縣後遷於山東昌樂又遷於安丘。

虢　東虢今汜水縣北虢今陝縣東。

鄧　今鄧縣。

申　今南陽縣北。

滑　今偃師縣南。

息　今息縣。

黃　今潢川縣西。

江　今正陽縣東南。

道　今息縣西南。

柏　今西平縣。

沈　今沈丘縣。

頓　今商水縣北。

項　今項城縣。

鄀　今內鄉縣西。

房　今遂平縣。

戴　今考城縣。

葛　今寧陵縣北。

穀　今商城縣南。

焦　今陝縣南。

不羹　東不羹今舞陽縣西北。西不羹今襄城縣東南。

蓼　今泌源縣南。

密　今密縣。

管　今鄭縣。

邘　今沁陽縣西北。

應　今魯山縣東。

蔣　今固始縣西北。

胙　今延津縣西南。

檜　今密縣東北。

呂　今南陽縣西。

檟　今沁陽縣境。

邶　今汲縣東北。

鄘　今新鄉縣西南。

雍　今修武縣西。

祭　今鄭縣東北。

共　今輝縣。

南燕　今延津縣。

凡　今輝縣西南。

蘇　今溫縣西南。

原　今濟源縣西北。

周　今洛陽縣東畿內國也下八國同。

毛　今洛陽縣境。

甘　今洛陽縣西南。

單　今孟津縣東南。

成　今洛陽縣境。

尹　今新安縣東南。

劉　今偃師縣南。

鞏　今鞏縣。

樊　今濟源縣西南。

右四十九國，皆河南境內。

西虢　今鳳翔縣南。

酆　今長安縣東。

梁　今韓城縣南。

畢　今咸陽縣北。

豐　今蒲城縣西南。

崇　今韓城縣境。

杜　今長安縣東南

韓　今韓城縣南。

右七國皆在陝西中部。

芮　今芮城縣西。

魏　今芮城縣東北。

荀　今臨晉縣東北。

楊　今洪同縣東南。

沈　皆傍汾水下三國同。

姒

蓐

黃

虞　今平陸縣東北。

耿　今河津縣。

霍　今霍縣。

冀　今河津縣東北。

黎　今黎城縣東北。

右十二國皆在山西之南部。

隨　今隨縣。

唐　今隨州西北。

穀　今穀城縣。

貳　今應山縣。

軫　今應山縣西。

鄖　即鄖今安陸縣。

絞　今鄖縣西北。

羅　今宜城縣東北。後徙枝江縣。又爲楚遷於湖南平江縣。

聃　今荊門縣東南。

州　今監利縣東。

權　今當陽縣東南。

厲　今隨縣北。

庸　今竹山縣東。

麋　今鄖縣治。

夔　今姊歸縣東。

弦　今蘄水縣西北。

鄀　今襄陽縣東北。

右十七國皆在湖北北部。

六　今六安縣。

蓼　今霍丘縣西北。

宗　今廬江縣西。

巢　今巢縣東北。

英氏　今英山縣。

桐　今桐城縣。

舒　今舒城縣。

舒鳩　今合肥縣境。

舒庸　今懷甯縣境。

徐　今泗縣北。

向　今懷遠縣東北。

州來　今鳳台縣。

鍾離　今鳳陽縣北。

胡　今阜陽縣西北。

右十四國皆在安徽北部。

蕭　今蕭縣。

鍾吾　今宿遷縣。

右二國皆在江蘇北部。

燕　今大興縣。

邢　今邢台縣。

右二國皆在直隸境。

巴　今巴縣。

右一國在四川之東南隅。

又有所謂夷戎者、錯居於境內、凡十餘國。殆以色目別之、非盡異種也。

潞氏　今山西潞城縣。

留吁　今山西屯留縣東南。

鐸辰　今山西長治縣境。

皋落氏　今山西垣曲縣西北。

甲氏　今直隸雞澤縣境。

茅戎　今山西平陸縣東南。

鮮虞　今直隸正定縣。

肥　今直隸藁城縣西南。

鼓　今直隸晉縣。

廧咎如　約在今山西東境。

右九國環太行山脉而居。大約居山之西者有赤狄。居山之東者爲白狄別種也。

陸渾氏　今嵩縣北。

姜戎　今陝縣南本居今甘肅安西縣。

戎蠻　今汝縣西南。

楊拒泉皋伊洛之戎。今伊洛二水以南。

今數種在河南之中、此就嵩山山脉而居者。

大戎　今延長諸縣。

驪戎　今臨潼縣東。

白狄　今延鄜諸縣境。

亳　今陝西北境。

犬戎　今鳳翔縣境本居青海。

右五種在陝西境內。多居汧渭以北山地。

山戎　今盧龍縣一帶。

無終　今玉田縣一帶。

右二種在直隸境內、此近盧龍塞蓋北戎也

介　今滕縣境。

鄅膴　一名長狄今濟南府北境。或云即防風氏本居浙江吳興縣。

根牟　今沂水縣境。

右三種在山東境內蓋東夷也。

盧戎　今湖北南漳縣境。

羣蠻　今湖南西境。

百濮　今湖南西境、或曰在今雲南曲靖。

右二種居湖北湖南境內則南蠻也。

己氏之戎今山東曹縣東南。

淮夷　今淮安一帶之地。

徐戎　今徐州一帶之地。

右三種在山東西南境及江蘇北境。爲居於平地或近水之夷戎。

肅愼　今奉天興京所屬。

右一種居奉天境內、蓋東胡種也

（參觀顧棟高春秋大事表卷五。江永春秋地理攷實）

本期中之文明集中地。

自西周以迄春秋爲中國之化成時代。然當時文明區域、不過今河南山東二省境。山西陝西則汾渭下游、湖北則漢水附近、安徽則長淮南北。直隷僅及南部、江蘇僅及長淮以北之一小部分。是當時所謂中夏者也。諸國中惟齊晉秦楚爲最強大。齊處東海、晉居北鄙、秦逼西戎、楚居南服。各憑險阻。略取近傍小國。以厚自封殖。故能創建霸業、分執中原之牛耳。秦晉之爭、率在河曲左右。若韓原（今韓城）若王官（在今臨晉）皆要地也。齊晉壤地不接。晉伐齊則越防門、（在今平陰縣）陳於靡笄之下。（在今歷城）齊之藩籬撤矣。齊伐晉則入孟門登太行（即太行山在沁陽）固無如晉何也。若宋鄭陳蔡居中夏之中。最當天下之衝。於是齊桓召陵之師、（在今郾城縣）晉文城濮之戰、（在今濮縣）晉楚邲之戰。（今鄭縣之東、）鄢陵之戰、（今鄢陵縣）秦穆滑師以滅滑（在今偃師縣）晉悼三駕以爭鄭皆不出此四國之郊。文明愈以發達、競爭愈以劇烈矣。

大江以南尚爲荊蠻之地。開拓之功、吳楚爲最、而越繼之。楚滅漢陽諸姬、據方城之險、（今方城縣）以臨北方。吳始通晉。遂與楚爭伐巢（今巢縣）滅舒鳩（今舒城縣）取爲（今無爲縣）圍潛（今潛山）皆淮南地也。既以長岸（今當塗縣梁山）鳩茲（今蕪湖）之役、阨於上流。勢不得逞。乃取鍾離（在今鳳陽）克州來。（今鳳台縣）卒越三關、（今武勝平靖黃土三關左氏所謂直轅大隧冥阨）以入郢。又溝通江淮。（今江北運河）敗齊艾陵（在今泰安境）爲黃池之會。（

在今封邱縣）固以狎主夏盟矣。迨越滅吳。使吳王居甬東（今舟山）而自遷都於瑯琊（今諸城縣東南）尚猶吳人開邗溝以通商魯之志也。及越既散、諸公族分居海上、遂開百越（今溫台以南）之先。蓋禹之明德遠矣。

當時諸夏之國、競爭既如是之烈、夷狄之錯居中土者、自無其容足之地。不得不遁處山險。以圖自保。故大行嵩山及涇渭以北、遂成夷狄淵藪。惟淮夷徐戎最爲強悍。當西周全盛之世、伯禽就國。淮夷與徐戎並起爲亂。穆王西巡、徐帥九夷伐宗周至河上。迨入春秋。諸夷皆屏遠。而此二種、獨居平地。値吳晋彭城之道。徐戎已亡、淮夷且與越王頤與共征戰。此其特異者也。

（參觀春秋大事表卷六上中下）

第三章　戰國之形勢。

戰國之世、周室愈弱、所有者僅河南洛陽穀城（皆在今洛陽縣境）平陰（在孟津縣東）偃師緱氏（皆今偃師縣）鞏（今縣）七城。尙不足比於小侯。而齊楚燕趙韓魏秦乃大強。遂爲七雄並爭之世。

楚雄南服、西據黔中（今湖南西境）巫郡。（今巫山縣）東括夏州（今夏口縣）海陽。（故吳越地）南有蒼梧（在今寧遠縣境）洞庭（今洞庭湖）北有陘塞（今新鄭縣西南）郇陽（今郇陽縣）地方五千里。

齊表東海、南有泰山東有瑯琊。西有淸河（即濟水）北有渤海。地方二千餘里。

韓趙魏始謂之三晉韓武子初封韓原宣子徙居州（今沁陽東）貞子徙平陽（即堯都）景侯徙陽翟（今禹縣）哀侯徙新鄭其地北有鞏洛成皋之固、而西有宜陽（今縣）商坂（今商縣東南）之塞。東有宛穰（今鄧縣）淯水（出密縣東入潁）南有陘山。地方千里。

趙自造父始封趙城（今趙城縣）趙夙邑耿（今河津縣）成子居原。（今濟源縣西）簡子居晉陽。（今太原縣）獻侯治中牟。（今湯陰縣西）趙侯徙邯鄲。（今邯鄲縣）其地西有常山。（恆山）南有河漳東有清河（今清河縣西已湮）北有燕國地方三千里。

魏自畢萬始封於魏城。（今芮城東北）悼子徙霍。（今霍縣）莊子徙安邑。（即夏都）惠王徙大梁（今開封）其地南有鴻溝。（即汴水）東有淮潁。西有長城。（自鄭濱洛由今華縣沿洛水而北）北有河外。（今河北地）地方千里。

燕自召公封薊。僻居北陲。幾無關於中原之重輕。自昭王破齊始與強國之列而闢地亦漸廣。東有朝鮮遼東。北有林胡（今內蒙東部）樓煩（今嵐縣以北）西有雲中（今歸化城一帶）九原（今河套外地）南有滹沱（滹沱河）易水（在今易縣）地方二千里。此所謂河山以東強國六也。

河山以西。則爲秦秦地西有巴蜀漢中（今日漢中）之利。北有胡貉（今內蒙古地）代馬（代今大同及蔚縣皆是）之用。南有巫山黔中之限東有崤函之固（即函谷關）沃野千里。形勢便利。所謂天府之國也。

秦幷六國之次第　當戰國之初、山東諸侯、日相攻戰。秦自穆公以後、專務閉關自守。以厚蓄其力。孝公用商鞅之策、先逼魏去安邑。徙都大梁。並獻河西之地於秦（今韓城以北之地）秦遂得據河山之固、東鄉以制諸侯。此六國存亡一大關鍵也。

秦並天下、純用范雎遠交近攻之策。故最先用兵於韓魏。所謂韓魏中國之處、而天下之樞也。韓魏既舉、乃先攻趙。於是河北之強兵健馬。盡入於秦。然後分兩軍。一軍北滅燕。一軍南滅楚。即以滅燕之軍、南面襲齊。而六王畢矣。（參觀史記卷六秦始皇本紀卷六十八商君列傳；卷七十九范雎傳。）

戎狄斥遠。　春秋中、戎狄已衰。晉襄公敗白狄。獲其君。景公滅赤狄諸國。悼公和山戎諸部。昭公滅肥頃公滅鼓。於是太行左右、諸狄盡矣。陸渾之戎。亦爲頃公所滅。伊洛陰戎韓魏滅之。別部蠻氏。爲楚昭所滅。於是嵩山南北諸戎盡矣。徐淮諸夷、定於吳楚。渭北諸狄、如大荔（今大荔縣地）義渠（今甘肅慶陽境）之屬。皆滅於秦。中原內地、自是無夷患。種族存者、皆已同化。無跡可尋。至南嶺以南百越散處。巫黔西南、羣蠻據之。隴蜀之西。氐羌諸部居之。俱無甚大者。而李冰守蜀、莊蹻王滇。且居其善地以殖民。惟北方之戎、雖爲燕趙秦所驅逐。然往往遁出塞外、合於匈奴。遂南北並峙。數千年常與中國爲敵國。其亦地勢使然歟。

第四章　秦之疆域

秦幷天下、中國大一統之規模以定。其地西至臨洮。北控沙漠、東縈南帶。皆濱大海。

於是罷侯置守。分天下爲四十郡。

內史郡今陝西中部、沿渭水流域。秦都咸陽爲畿內地。

河東郡今山西河東一帶。治安邑。故魏都也。

三川郡今河南之黃河南岸兼得河北岸之懷衛一帶地。治洛陽。故周都也。

潁川郡今河南禹縣及陳汝一帶之地。治陽翟。故韓都也。

碭郡今河南商丘以東、及山東濟寧東平江蘇銅山以西、及安徽之亳縣。治碭。今碭山縣。

泗水郡今江蘇銅山縣以東、及安徽淮北諸縣、治沛今沛縣、

薛郡今山東兗州東南、及江蘇東海縣一帶地。

齊郡今泰山之東北一帶地、治臨淄故齊都也。

瑯琊郡今山東泰山東南臨沂諸縣及其東膠莒諸縣地。

東郡今山東長淸縣以西、及直隸大名一帶地。治濮陽故衛都也。

邯鄲郡今直隸廣平諸縣、及河南安陽諸縣。治邯鄲故趙都也。今邯鄲縣。

上黨郡今山西潞城及遼沁諸縣。地治壺關。今長治縣。

太原郡今山西陽曲太原汾陽諸縣地。治晉陽今太原縣。

鉅鹿郡今直隸邢臺縣以北、及正定諸縣地。治鉅鹿今平鄉縣。

右十四郡皆在黃河流域。居中原腹心。爲韓魏齊趙舊地、故置郡獨多。

隴西郡今甘肅西境、黃河南岸之地。治狄道今狄道縣。

北地郡今甘肅慶陽寧夏及平涼諸縣地。治義渠今寧縣。

上郡今陝西膚施以北及河套鄂爾多斯旗南部地。

九原郡今河套鄂爾多斯旗北部、及歸綏所屬五原縣地。

雲中郡今河套東北部、及歸綏所屬托城諸縣地。

雁門郡今山西雁門關以北、渾源應朔諸縣地。

代郡今山西大同以北及直隸蔚縣地。

上谷郡今直隸保定以北、及居庸關外宣化諸縣地。

漁陽郡今京兆以東、及薊縣一帶地。

右北平郡今直隸盧龍昌黎諸縣、及喜峯口外之地。

遼西郡今奉天遼河以西、及直隸山海關外建昌朝陽諸縣地。

遼東郡今奉天遼河以東、及鴨綠江沿岸之地。

右十二郡、皆沿北邊。是時匈奴未滅、邊防極重、故置郡愈多。

漢中郡今陝西漢中及湖北鄖陽諸縣地。

南郡今湖北漢水沿岸、及宜昌恩施諸縣地。治郢。故楚都也。今江陵縣。

南陽郡今河南南陽及湖北襄陽以北諸縣地。

巴郡今四川嘉陵江以東、及瀘縣巫山諸縣地。治巴。今巴縣。

蜀郡今四川嘉陵以西、及邛雅諸縣一帶地。治華陽。今華陽。

九江郡今江西及安徽江蘇之淮水以南、皆其地也。治壽春。故楚都也。今安徽壽縣鄣郡今安徽之皖南及浙江之長興吳興諸縣、江蘇江寧諸縣、皆其地也。治鄣今浙江長興縣西南故鄣城。

會稽郡今江蘇鎮江以東、及浙江甌江以北、皆其地也。治吳故吳郡今江蘇吳縣。

長沙郡今湖南洞庭湘江以東、及廣東之連山皆其地也。治長沙今長沙縣。

黔中郡今湖南洞庭湘江以西、皆其地也。

右十郡。皆在揚子江流域。南方水鄉、且無外患。故置郡疏闊也。

閩中郡今浙江永嘉以南、及福建全省、皆其地也。治侯官今福建閩侯縣。

南海郡今廣東省及廣西桂江以東、皆其地也。治番禺。今番禺縣。

桂林郡今廣西省境。

象郡今廣東高雷迤西、廣西鬱林以南、及安南國之地。

右四郡。以在南嶺以南、爲新闢之地。地廣人稀。故置郡愈少也。（參觀前漢書

卷二十八地理志）

秦之長城　戰國之世各國各築長城以自固及六國既滅同爲內地已無關於國防就北邊論之先是趙武靈王北破林胡樓煩築長城自代並陰山至高闕爲塞（高闕在今河套外俗稱狼山口）燕將秦開襲破東胡東胡却千餘里乃自造陽築長城至襄平（造陽在今宣化襄平在今遼陽）以拒胡而秦宣太后伐殘義渠秦有隴西北地上郡亦築長城以拒胡迨始皇滅六國乃使蒙恬北擊胡悉收河南地（今河套地）因河爲塞築四十四縣城臨河徙適戍以實之謂之新秦中又渡河據陽山北假中塹山堙谷起臨洮至遼東爲長城蓋自臨洮東北行抵雲中自雲中東南行抵代上谷又自上谷東北行、抵右北平遼西自遼西東南行抵朝鮮延袤殆及萬餘里遂爲宇內之絕大工程（參觀史記卷八十八蒙恬傳又史記卷一百十匈奴列傳）

秦之馳道及水利事業　始皇削平天下。乃自雲陽（今陝西淳化縣）爲直道通九原。自陳倉爲棧道通蜀中。爲馳道自咸陽東窮燕齊。南極吳楚。道廣五十步三丈。厚築其外、隱以金椎、樹以青松。蓋爲游幸計也。然其便利交通亦至矣。當時守尉諸臣亦頗能規畫久遠。如李冰守蜀。鑿離堆以避水害。（在今四川灌縣）史祿鑿通湘漓爲斗門以通五嶺之戍。（在今廣西興安縣）寧夏秦渠。至今尚爲民利。此其卓卓可見者也。（參觀前漢書卷二十九溝洫志前漢書賈山傳）

第五章　楚漢爭戰

始皇既沒。山東之衆紛起。陽城人（登封縣）陳勝陽夏人（太康縣）吳廣起兵於蘄。（宿縣北）沛人（沛縣）劉邦起兵於沛下相人（宿遷縣）項梁項羽起兵於吳。（吳縣）淩人（泗陽縣）秦嘉與符離人（宿縣）朱雞石起兵攻郯。（郯城縣）昌邑人（金鄉縣地）彭越起兵昌邑六人（六安縣）英布起兵於番

（今鄒陽縣）狄人（高密縣）田儋起兵於齊此數雄者毫無憑借直以徒手亡秦是中國平民軍之第一幕也（參觀史記卷十六秦楚之際月表）

未幾陳勝等多敗死項梁立義帝都盱眙（今安徽盱眙縣）繼都彭城（今江蘇銅山縣）項羽引兵渡河破鉅鹿再破秦兵於漳南（今河南安陽縣）秦之銳氣盡矣劉邦引兵道碭（今碭山縣）至成陽（今山東濮縣）破東郡尉於成武（今山東城武縣）西過高陽（今河南雍丘縣地）下陳留（今河南陳留縣）攻開封（今河南開封縣南）與秦軍戰於白馬（今河南滑縣東）曲遇（今河南中牟縣）皆破之遂略韓地北攻平陰（今河南河陰縣）絕河津南戰洛陽出轘轅關略南陽（今河南南陽縣）循丹水（今河南淅川縣）繞嶢關（即武關）踰蕢山（在今陝西藍田縣東）遂破秦軍至霸上（今陝西長安縣東）降子嬰於軹道旁此沛公入秦之路線也秦自此亡矣

既而項王降章邯坑秦卒於新安。（今河南新安縣）破函谷關進至戲。（在今陜西臨潼縣）與沛公會於鴻門（在戲南）終屠咸陽燒秦宮室自立爲西楚霸王。徙都彭城。遷義帝於郴。（今湖南郴縣有義帝塚）復使共敖擊殺之江中。於是分王諸侯。政自羽出。

徙趙王歇爲代王。立張耳爲常山王。都襄國。（今直隸邢台縣）皆故趙地也。

徙齊王田市爲膠東王。都即墨。田安爲濟北王。都博陽。（今山東長淸縣西南）田都爲齊王。都臨淄。（即故齊都）皆故齊地也

徙燕王韓廣爲遼東王。都無終。（今玉田縣）立臧荼爲燕王。都薊。（即故燕都。）皆故燕地也。

徙魏王豹爲西魏王。都平陽。（即堯都）立司馬卬爲殷王。都朝歌。（即紂都）皆故魏地也。

立韓王成爲韓王。都陽翟（即故韓都）申陽爲河南王（都故周都）皆故韓地也。

立章邯爲雍王。都廢丘（在今陝西興平縣）司馬欣爲塞王。都櫟陽。（今陝西臨潼縣）董翳爲翟王。都高奴（在今陝西膚施縣西北）劉邦爲漢王都漢中（今陝西南鄭縣）皆故秦地也。（參觀史記卷七項羽本紀）

漢王既入漢中燒絕所過棧道。（今子午道）乃西由褒斜谷出陳倉。（今陝西寶雞縣）遂定三秦東如陝（今河南陝縣）降河南定韓還都櫟陽復自臨晉渡河。（今臨晉關）降魏王豹於平陽虜殷王卬於河內（即朝歌）南渡平陰津入據洛陽。於是北包太行南控虎牢。山河之險盡入於漢矣。及彭城之敗遂與項王相拒於滎陽（今滎陽縣）京索間。（京城在滎陽縣東三十里索城在京城西二十里。亦名大索城其北四里又有小索城此三城間乃楚漢血戰處）而韓信已由夏陽渡河（今陝西韓城縣）襲安邑（即魏邑）東出井陘關（今井陘縣）破趙燕齊漢已得天下之大半矣彭越又反梁地撓楚糧道故相持久之楚遂大困乃與漢約中分天下鴻溝以西爲漢（鴻溝在開封陳留縣西蓋黃河東南出之支渠）項王解兵而東漢旣背約東追楚至固陵（在今淮陽縣西北）圍項王於垓下（在安徽靈壁縣今有虞姬墓）項王渡淮南走至陰陵（今安徽定遠縣西北）迷道終自刎於烏江（安徽和縣烏江嶺今有項王廟）此項王敗退之路綫也楚遂自此亡矣（參觀史記卷七項羽本紀）

楚漢勝敗之由　項王之失計莫大於東都彭城蓋彭城乃四戰之地非有山河之險足以固據者也以觀關中四塞沃野千里形勢得失相去固已遠矣漢王雖入漢中其去關中不過一嶺之隔故還定三秦幾於兵不血刃旣降河南定趙魏憑借形勢東向以制楚彭越反梁變生肘腋項王遂以不支雖曰天命豈非人事致然哉

第六章　漢代疆域。

漢既滅楚定都長安。大封功臣。

韓信爲楚王。王淮北。都下邳。今江蘇邳縣。後廢爲淮陰侯。

彭越爲梁王。王魏故地。都定陶。今山東定陶縣。

張耳爲趙王。王趙故地。都襄國。今直隸邢台縣。

韓王信爲韓王。王韓故地。都陽翟。今河南禹縣。後遷雁門郡。地都晉陽。仍稱韓。復遷馬邑。

英布爲淮南王。王淮南。都六。今安徽六安縣。

臧荼爲燕王。王燕故地。都薊。今京兆大興縣。

吳芮爲長沙王。王衡山以北地。都臨湘。今湖南長沙縣。

數年之間。以次剪除。更以封其同姓子弟。

劉交（高祖弟）爲楚王王韓信故地都彭城（見前）

劉賈爲荊王王淮東及江南之鄣郡吳郡都吳（見前）

兄仲子濞爲吳王王故荊地都廣陵今江蘇江都縣

子長爲淮南王王英布故地都壽春

子建爲燕王王盧綰故地都薊（見前）

子如意爲趙王王張耳故地都邯鄲（見前）

子恢爲梁王王彭越故地都睢陽今河南商丘縣

兄喜爲代王王雲中（今山西大同）雁門（今同）代郡（今直隸蔚縣）都代及喜爲匈奴所攻棄國自歸復以子恒爲代王都晉陽今山西太原縣後徙中都今山西介休縣文帝入爲帝立子參爲代王盡得故代地子友爲淮陽王王彭越地幷穎川郡地都陳今河南淮陽縣（參觀史記卷十七漢興以來諸侯年表）

然封地既大寖以驕恣卒致吳楚七國之變幸而梁王固守睢陽阻其西上而亞夫堅壁昌邑（見前）使輕騎出淮泗口（在今淮陰縣）絕吳糧道吳王濞既不用桓將軍之計直取洛陽據武庫又不從其臣田祿伯之說分兵循江淮而上收淮南長沙入武關（見前）乃以步兵屯聚而西與漢之車騎馳逐於梁楚平野之地宜其亡不旋踵也蓋與項王之敗如出一轍矣

漢自文景以後承平既久內力益充武帝承之遂以逐匈奴平南越開西南夷通西域闢朝鮮於是南置交趾北置朔方分天下爲十三部而不常厥治郡與國互相參錯焉（參觀前漢書卷二十八地理志）

司隸校尉部察三輔及近郡四

京兆尹即秦內史郡地領長安等十二縣

左馮翊即秦內史郡之東部領高陵（今縣）等二十四縣

右扶風即秦內史郡之西部。領渭城（今咸陽）等二十一縣。
弘農郡即秦三川郡及南陽郡西部。兼有今商縣地。領弘農（今河南靈寶縣）等十一縣。
河內郡即秦三川郡之北部。領懷縣（今沁陽縣）等十八縣。
河南郡即秦三川郡之東部。領洛陽等二十二縣。
河東郡即秦河東郡。領安邑等二十四縣。
豫州刺史部。察郡三。國二。
潁州郡秦潁州郡西部。領陽翟等二十縣。
汝南郡秦潁川郡東部。領平輿（今汝陽縣）等三十七縣。
沛郡即秦泗水郡。領相縣（今安徽宿縣西北）等三十七縣。
梁國即碭郡地。都睢陽。有縣八。

魯國秦薛郡地。都魯今曲阜縣
兗州刺史部。察郡五。國三。
陳留郡本梁地。領陳留等十七縣。
山陽郡亦梁地。領昌邑等二十二縣。
濟陰郡亦梁地。領定陶等九縣。
泰山郡故齊地。領奉高（今泰安縣）等二十四縣。
東郡即秦東郡。領濮陽（今直隸濮陽縣）等三十二縣。
城陽國本齊地。都莒。（今山東莒縣）有縣四
淮陽國本秦潁川郡地。都陳（今淮陽）有縣九。
東平國本梁地。都無鹽（今東平縣東）有縣七。
徐州刺史部。察郡三。國三。

琅琊郡即秦琅琊郡領東武（今諸城縣）等五十一縣。

東海郡即秦薛郡領郯城（今郯城縣）等三十八縣。

臨淮郡本楚地領徐縣（在今泗縣北。）等二十九縣。

泗水國本東海郡地都淩（在今泗陽縣北）有縣三。

廣陵國本楚地都廣陵（今江都）有縣三。

楚國即彭城郡都彭城有縣七。

青州刺史部。察郡六。國三。

平原郡即秦齊郡地領平原（今縣）等十九縣。

千乘郡亦秦齊郡地領千乘（今高苑縣）等十五縣。

濟南郡故齊地領平陵（今歷城東）等十四縣。

北海郡故齊地領營陵（今昌樂縣）等二十六縣。

東萊郡即齊地。領掖（今縣）等十七縣。

齊郡即秦齊郡。領臨淄（今縣）等十二縣。

菑川國本齊地。都劇（今昌樂縣）有縣三。

東膠國本齊地。都即墨（今縣）有縣八。

高密國本齊地。都高密（今縣）有縣五。

冀州刺史部。察郡四。國六。

魏郡秦邯鄲郡地。領鄴縣。（今臨漳縣）等十八縣。

鉅鹿郡即秦鉅鹿郡。領鉅鹿（見前）等二十縣。

常山郡本趙地。領元氏（今縣）等十八縣。

清河郡亦趙地。領清陽（今清河縣）等十四縣。

趙國秦邯鄲郡地。都邯鄲（今縣）有縣四。

廣平國本趙地。都廣平（今永年縣境）有縣十六。

眞定國亦趙地。都眞定（今正定）有縣四。

信都國亦趙地。都信都（今冀縣）有縣十七。

河間國亦趙地。都樂城（今獻縣）有縣四。

凉州刺史部。察郡六。

隴西郡即秦隴西郡。領狄道（今縣）等十一縣。

金城郡本隴西天水張掖郡地。領允吾（今皋蘭縣西北）等十三縣。

天水郡本隴西郡地。領平襄（今伏羌縣西北）等十六縣。

武威郡本匈奴休屠王地。領姑臧（今縣）等十縣。

張掖郡本匈奴渾邪王地。領鱳得（今張掖縣）等十縣。

酒泉郡本匈奴地。領福祿（今酒泉縣西南）等十縣。

敦煌郡本月氏地。領敦煌（今縣）等六縣。

安定郡本北地郡地。領高平（今鎮原縣）等二十一縣。

北地郡即秦北地郡。領馬領（今環縣南）等十九縣。

并州刺史部。察郡九。

太原郡秦太原郡地。領晉陽（今太原縣）等二十一縣。

上黨郡亦秦郡。領長子（今縣）等十四縣。

西河郡秦太原雲中郡地。領富昌（在今鄂爾多斯旗東南境）等三十六縣。

朔方郡初爲匈奴地。領三封（今鄂爾多斯旗南境）等十縣。

五原郡秦爲九原郡。漢初亦爲匈奴地。領九原（今鄂爾多斯旗北）等十六縣。

雲中郡本秦郡。漢初亦爲匈奴地。領雲中（今歸化城西）等十一縣。

定襄郡秦雲中郡地。領盛樂（今歸化城南）等十二縣。

雁門郡即秦雁門郡領善莊（今朔平）等十四縣。

上郡即秦上郡領膚施（今縣）等二十三縣。

幽州刺史部。察郡十。

渤海郡秦上谷郡之東部。領浮陽（今滄縣）等二十六縣。

上谷郡即秦上谷郡之北部。領沮陽（今涿鹿縣）等十五縣。

漁陽郡即秦漁陽郡領漁陽（今薊縣）等十二縣。

右北平郡亦秦郡。領年剛（在今喜峯口外）等十六縣。

遼西郡亦秦郡。領且慮（在今建昌縣境）等十四縣。

遼東郡亦秦郡。領襄平（在今遼陽）等十八縣。

玄菟郡漢初爲燕地。領高勾驪（今朝鮮咸境道地）等三縣。

樂浪郡漢初爲燕地。領朝鮮（今朝鮮黃海道）等二十五縣。

涿郡秦上谷郡之南部。領涿縣（今縣）等二十九縣。

代郡秦上谷郡之西部。領桑乾（今渾源縣境）等十八縣。

廣陽國秦上谷郡之中部。及漁陽郡之西部。都薊有縣四。

右八部。皆在今黃河流域。惟徐州廣陵國錯入揚子江流域。幽並涼三州。爲緣邊之地。而雲中定襄朔方五原諸郡。最爲兵爭之場。

荊州刺史部。察郡六。國一。

南陽郡即秦南陽郡。領宛縣（今南陽縣）等三十六縣。

江夏郡秦南郡地。領西陵（在今黃岡西北）等十四縣。

桂陽郡秦長沙郡地。領郴縣（今縣）等十一縣

武陵郡秦黔中郡地。領索縣（今漢壽縣）十三縣。

零陵郡秦長沙郡地。領零陵（今縣城在今全縣北）十縣。

南郡秦南郡之西部。領江陵（今縣）等十八縣。

長沙國秦長沙郡地。都臨湘（今長沙）有縣十三。

揚州刺史部。察郡五國一。

廬江郡本淮南國地。領舒（今舒城）等十二縣。

九江郡即秦九江郡領壽春等十五縣。

會稽郡亦秦郡。領吳縣等二十六縣。

丹陽郡秦鄣郡地。領宛陵（今宣城）等十七縣。

豫章郡秦九江郡地。領南昌（今縣）等十八縣。

六安國本淮南地都六。有縣五。

益州刺史部。察郡九。

漢中郡即秦漢中郡領西城（今安康縣）等十二縣。

廣漢郡即秦蜀郡。領梓潼（今縣）等十三縣。

犍爲郡本夜郎地。領僰道（今宜賓縣）等十二縣。

武都郡本白馬氐地。領武都（今城縣）九縣

越巂郡本邛都地。領邛都（今西昌縣西南）等十五縣。

益州郡本滇國及巢榆地。領滇池（今昆明縣）等二十四縣。

牂牁郡本夜郎及且蘭地。領且蘭（今平越縣治）等十七縣。

巴郡。即秦巴郡領江州（今巴縣）等十一縣。

蜀郡。亦秦郡。領成都（今縣）等十五縣。

右三部皆在揚子江流域。爲中國今代繁富之地。而當時開闢程度。猶僅及此。

交州刺史部。察郡六。

南海郡秦郡也。領番禺（今縣）等六縣。

合浦郡秦象郡地。領徐聞（今縣）等五縣。

蒼梧郡秦桂林郡之北部。領廣信（今蒼梧縣治）等十縣。

鬱林郡秦桂林郡之西南部。領布山（今貴縣東）等十二縣。

交趾郡秦象郡地。領羸郡（在今安南北境）等十縣。

九眞郡秦象郡。領胥浦（在今安南境）等七縣。

日南郡秦象郡。領朱吾（今東埔塞北。）等五縣。

右一郡。在今南嶺之南。當時並包有印度支那半島。而設治乃僅如此。開闢程度。益荒昧矣。

第七章　漢之外競

平閩越　漢、初以閩王無諸及越東海王搖佐漢擊楚有功。因立無諸爲閩粵王、都東冶。（今閩侯縣）搖爲東海王、都東甌。（今永嘉縣）武帝時南越反。閩越持兩端不助攻南越元鼎六年武帝命橫海將軍韓說出句章（今鄞縣）浮海從東方往樓船將軍楊僕出武陸（今杭縣）中尉王溫舒出海嶺（今餘干縣南洪崖山）越侯爲戈船下瀨將軍出若邪白沙（今紹興縣）越人殺其王以衆降帝以東越陿多阻閩越悍數反覆徙其民於江淮東越地遂虛（參觀史記卷一百十四東越列傳）

平南越　漢初趙陀王南越傳五世元鼎五年南越王將入朝相呂嘉不附漢且攻滅韓千秋等遂遣伏波將軍路博德出桂陽（今湖南桂陽縣）下湟水（又作匯水今珠江北江之西源）樓船將軍楊僕出豫章（今江西）下橫浦（今珠江北江之東源）故歸義越侯二人爲戈船下厲將軍出零陵（今湖南縣）或下灕水（今桂江）或抵蒼梧（今廣西蒼梧縣）越馳義侯遣別將將巴蜀罪人發夜郎兵下牂牁江（今紅水江）咸會番禺（今番禺縣）元鼎六

年楊僕先入越地陷尋陜（今淸遠峽）破石門（今峽山下）挫越鋒至番禺僕攻東南博德攻西北會路博德縱火燒城城中皆降餘三路兵未至南越已平遂以其他爲南海蒼梧鬱林合浦交趾九眞日南珠崖儋耳九郡（參觀史記卷一百十三南越列傳）

平朝鮮 漢初燕人衛滿亡命聚黨千餘人東走出塞渡浿水（今大同江）居秦故地役屬眞番（今江源道地）臨屯（今京畿道地）朝鮮（今朝鮮北部）都王險（今平壤）地方數千里傳子至孫右渠所誘漢亡人滋多又雍閼辰韓（今朝鮮南部）不使通漢元封二年秋亦募天下死罪爲兵遣樓船將軍楊僕從齊（今登萊）浮海左將軍荀彘出遼東以討之楊僕將齊兵七千人先至王險以兵少爲所敗散遁山中左將軍擊朝鮮浿水西未能破天子乃使衛山因兵威往諭右渠左將軍終破貝水上軍前至城下樓船亦往會久之尼

谿參使人殺右渠來降朝鮮平遂置樂浪臨屯玄菟眞番四郡（臨屯眞番後俱并入樂浪）（參觀史記卷一百十五朝鮮傳）

開西南夷。南夷君長以十數夜郎最大（今四川南部及貴州西邊）其西靡莫之屬以十數滇最大自滇以北君長以十數邛都最大（今四川西南）皆椎結耕田有邑聚其外自桐師（今雲南永昌）以東北至葉榆（今楚雄）名爲巂昆明皆編髮隨畜移徙毋常處毋君長地方可數千里自巂以東北君長以十數徙筰都最大（徙今雅安筰今越巂）筰自以東北君長以什數冉駹最大（邛雅一帶）其俗或土著或移徙在蜀之西自冉駹以東北君長以十數白馬最大（今甘肅成縣武都縣皆白馬氏）皆氐類也自莊蹻王滇變服從其俗以長之秦嘗略通其道頗置吏漢興廢之惟巴蜀民嘗竊出行賈以此巴蜀殷富至武帝事南越唐蒙請開夜郎以制越夜郎聽約束乃置犍爲郡司馬相如通邛筰冉駹置一都尉十餘縣旋以蠻夷數反士卒多死廢之及張騫使西域歸欲通身毒乃至滇會漢已平南越使郭昌衛廣誅且蘭遂平南夷置牂牁郡（今貴州北部）筰侯冉駹皆震恐請置吏遂以邛都爲越嶲郡筰都爲沈犂郡（今四川嘉定雅州之東南）冉駹爲汶山郡（今成都西北）白馬爲武都郡（今龍安以北及甘肅階文諸縣）於是滇王舉國降以其地爲益州郡光武開哀牢始置永昌郡（參觀史記卷一百十六西南夷列傳）

擊西羌　西羌春秋時之西戎種類繁多始居三河間（黃河賜支河湟河也）其地少五穀多禽獸以射獵爲事羌無弋爰劍者秦厲公時爲秦所拘執以爲奴隸後亡歸與劓女遇於野遂成夫婦諸羌畏事之推以爲豪及秦獻公兵臨渭首滅狄獂戎爰劍孫卭畏秦之威將其種人南出賜支河曲西數千里子孫分別各自爲種任隨所之或爲犛牛種越嶲羌是也（今四川西南）或爲白馬

種廣漢羌是也。（今四川甘肅間）或參狼種、武都羌是也。爰劍曾孫忍及弟舞獨留湟中。忍生九子爲九種。舞生十七子爲十七種。羌之興盛、自此始。迨匈奴冒頓兵強。威服百蠻。羌衆臣服匈奴。武帝北逐匈奴。開河西四郡。通玉門隔絕羌胡障塞亭燧、出長城外數千里。（指秦時起臨洮之長城）羌人震懼。乃解仇結盟、與匈奴合兵共攻金城（今皋蘭縣）漢將軍李息大敗之。遂置護羌校尉。駐臨羌（今西寧）持節統焉。羌自是臣服于漢。（參觀後漢書卷一百十七西羌傳）

擊匈奴一。漢初匈奴有英主曰冒頓。既滅東胡（今奉天西北）擊走大月氏（今甘肅肅州甘州）並三十六國。（即西域諸國）南並樓煩白羊王於河南（今山西北部即河套地）悉復收秦所奪地。諸引弓之民合爲一家。遂與中國爲敵國。圍高祖於白登（今大同東）文景時屢寇北邊。無虛歲。武帝即位。乃謀伐之。元光二年、從王恢議誘匈奴入馬邑（今山西縣）伏兵擊之。匈奴未至馬邑百里覺之而去。六年冬、衛青擊匈奴上谷（今宣化）已而將三萬騎出高闕（今河套北）蘇建等出朔方（今寧夏）李息張次公俱出右北平（今盧龍）凡十餘萬人、圍右賢王。得裨小王十餘人。衆男女萬五千人。畜數十百萬。元朔六年春。衛青出定襄（今托城東）斬首數千級。休士馬于定襄雲中雁門。夏四月、衛青復出定襄斬首萬餘人。惟趙信敗降匈奴。教匈奴益北絕幕、以誘罷漢兵。蓋此時漢與匈奴皆戰於近邊。猶未敢深入也。

擊匈奴二。元狩元年、夏匈奴入上谷殺數百人。二年、三月驃騎將軍霍去病將萬騎出隴西轉戰六日。過胭脂山（亦作焉支山在今甘肅永昌縣西）千餘里。斬其名王及相國都尉獲首虜八千餘級。收休屠王祭天金人。夏、去病復與合騎侯公孫敖將數萬騎出北地（今甘肅慶陽）衛尉張騫及中令李廣俱出右北平東軍無功。惟去病深入二千餘里、踰居延（今居延海）過小月氐至祈連山（在今肅州之南）得單桓酋涂王及相國都尉以衆降者二千五百人。斬首虜三萬二百級、獲裨小王七千餘人。漢兵至是始深入匈奴內地矣。然猶在西偏、僅能折其右臂也。

擊匈奴三。元狩四年、帝與諸將議、趙信爲匈奴畫計、以爲漢兵不能渡幕輕留、今大發士卒。其勢必得所欲。於是靑去病各將五萬騎、私負從馬復四萬匹、步兵轉者踵軍後又數十萬人。靑出定襄、去病出代郡。靑既出塞、捕虜知單于所居、乃自將精兵直走之。渡幕千餘里、見單于兵陳而待。靑令武剛車自環爲營、縱五千騎往當匈奴、匈奴亦縱萬騎。會日且入、大風起、砂礫擊面、兩軍不相見。漢縱左右翼繞單于、單于視漢兵多、士馬尙強、自度戰不能如漢兵、遂潰圍西北馳去。漢兵夜追之不得。捕斬首虜萬九千級、至寘顏山（當即杭靄山）趙信城。得匈奴積粟食軍。留一日。悉燒其城餘粟而歸。此西路漢兵深入之路綫也。去病出代右北平二千餘里。絕大幕。直左方兵。獲屯頭王韓王等三人。將軍相國當戶都尉八十三人。封狼居胥山（當即肯特山）禪於姑衍（當即肯特山旁小山）登臨瀚海（今貝加爾湖）鹵獲七萬四百餘級。此東路漢兵深入之路線也。匈奴受此大創、遂以遠遁。漢南無王庭。漢渡河自朔方以西、至令居（今平番縣）西北往往通渠。置田官吏卒五六萬人。稍蠶食匈奴以北。漢亦以馬少。不復大出擊匈奴矣。（參觀史記卷一百十匈奴列傳通鑑紀事本末卷十四前漢書卷九十四匈奴傳）

通西域。 方漢與匈奴相持。武帝始謀通西域。隔絕羌胡。以斷匈奴之右臂。自張騫鑿空。而後驃騎將軍破匈奴右部。貳師伐大宛。聲威所及。亭障開焉。今試先詳諸國之疆域。

鄯善國本樓蘭國。治扜泥城。在今敦煌縣西北。已淪爲戈壁。
且末國王治且末。在今車爾成。
精絕國王治精絕城。在且末之西。今淪爲戈壁。
扜彌國王治西城。在精絕之西、今淪爲戈壁。
于闐國今和闐縣
莎車縣今葉爾羌地。
右六國爲南道諸國。
婼羌國最近陽關。在燉煌縣之西。今淪爲戈壁。
小宛國治扜零城。在且末之南。戎盧之東。今淪爲戈壁。
戎盧國治卑品城。在小宛之南、渠勒之東。今淪爲戈壁。
渠勒國治鞬都城。在扜彌之南。戎盧之西。今淪爲戈壁。

右四國爲南道以南諸國。

狐胡國治車師柳谷當白龍堆西北今吐魯番之魯克沁地。

車師前國王治交河城在今吐魯番西境。

車師後國王治務塗谷在今孚遠縣。

車師都尉國在今吐魯番東境

墨山國在今羅布泊之北。

危須國今焉耆縣地。

尉犂國在今新平縣南濱塔里木河。

焉耆國治員渠城在今巴格拉赤湖北爲焉耆縣北境。

烏壘都尉國與都護同治今焉耆縣策特爾。

龜茲國治延城在今庫車縣南。

姑墨國治南城在今拜城縣境。

溫宿國即今溫宿縣地。

尉頭國在今烏什縣地。

疏勒國即今疏勒縣。

右十四國除車師後王庭外、爲北道諸國。

蒲類國治天山疏榆谷在今鎭西縣。

蒲類後國在鎭西縣北境。

車師後王庭。

卑陸國治天山東範當谷今阜康縣地。

單桓國今迪化縣地。

烏貪訾離國治于婁國今昌吉縣地。

東且彌治天山東于大谷。西且彌國治天山東兌虛谷。皆在今綏來縣地。

烏孫國治赤谷城。今穆素爾嶺南北溫宿北境及伊犂南境。

右九國爲北道以北諸國。

車師後城長國。在今奇台縣之北。

郁立師國治內咄谷。在今古城之西北。

卑陸後國治番渠類谷。當今阜康縣之東北。

劫國治天山東丹渠谷。在今昌吉縣之北。

右四國爲北道再北之國。

休循國治烏飛谷。在葱嶺北。

捐毒國治衍敦谷。在今烏什縣之西。

右二國爲北道西國。

皮山國今乾竺特部東境。

西夜國治呼犍谷今乾竺特部西境。

子合國今阿富汗所屬帕米爾境。

蒲犂國今乾竺特部北境南接西夜子合

依耐國今阿富汗所屬帕米爾境。

無雷國治盧城當葱嶺之中今新疆所屬帕米爾境。

難兜國葱嶺西今俄屬帕米爾境。

烏秅國今俄屬帕米爾境。

右八國爲葱嶺諸國漢通西南道此。

以上各國皆屬漢都護。

桃槐國今俄屬費爾干省。

大宛國今俄屬費爾干省。

大月氏今俄屬西琱河阿母河兩河間地。

大夏國今阿富汗之西北境。

右三國爲葱嶺西國。

康居今俄屬斜米巴拉廷斯克地。

奄蔡今俄屬烏拉斯克地。

右二國爲葱嶺西北國。

罽賓國今阿富汗東北部克什彌爾。

高附國今阿富汗中部地。

安息國即今波斯。

烏弋山離國今俾路芝及波斯南境。番禺李氏謂即波斯南境給爾滿法爾斯等四部地。按之暑熱莽平之語，可知其誤。

犂靬今叙利亞及小亞細亞地。

條支國今阿剌伯地。李氏謂在黑海之北，按之暑濕田稻，並大鳥卵如甕之語，可斷言爲阿拉伯。

右六國在葱嶺之西南。

身毒即今印度。

大秦即羅馬。

右二國前漢時聞焉。至後漢始通。

漢開西域。其謀發于張騫。武帝時騫以郎應募。由烏孫大宛至康居。由康居至大月氏大夏。見邛竹杖及蜀布。問安得此。曰吾賈人往市之身毒。身毒在大夏東南。知其去蜀不遠。乃謀出蜀求身毒。不得通。遂通西南夷。騫又聞大夏之西南曰罽賓烏弋山離。西與犂靬條支接。北轉而爲安息。再北曰奄蔡。以故西漢之時葱嶺以東、皆爲屬國。徧置吏焉。葱嶺以西、亦通聲教。蓋已窮極亞洲。唯未達歐洲而已。至後漢時、班超因遣甘英使大秦。惜爲安息人所阻隔。桓帝時大秦王安敦遂遣使由日南徼外、獻象牙、犀角、瑇瑁、於是歐亞始正式交通。

（參觀李光廷漢西域圖考丁謙漢書西域傳地理考證。）

第八章　王莽之亂。

王莽篡竊，省州爲九。（省幽幷爲冀。司隸涼爲雍，益交爲梁。）改易京師及州界郡名。法令繁擾。民不能堪。於是羣雄紛起。新市（今湖北京山縣）王匡王鳳南陽（今河南南陽縣）潁川（今河南禹縣）王常成丹聚衆藏綠林山中。（在今湖北當陽縣東北）又有南郡（今湖北江陵縣）張霸江夏（今縣）羊牧平林（今湖北隨縣）陳牧等衆各數萬。光武起舂陵（今湖北棗陽縣）與新市平林兵合進拔棗陽（今河南泌陽縣北）破莽軍於淯陽（今南陽東）進圍宛（今南陽縣治）遂立劉玄爲帝。光武與諸將徇昆陽（今葉縣北）定陵（今舞陽縣北）皆下之。莽聞漢帝立、乃大發兵討漢王邑王尋將兵百萬、甲士四十三萬人、戰昆陽城下。莽兵大潰。時滍水（汝水支流）盛溢。士卒爭逃。溺死者不可勝計。水爲不流。自有此勝、莽兵奪氣。三輔豪傑、遂起而殺莽更始亦自宛移都洛陽（參觀前漢書卷九十九下王莽傳後漢書卷四十一劉玄傳）

既而光武持節徇西北至邯鄲（今縣）會劉林立王郎爲天子。光武走至薊（今京兆）而故廣陽王接已起兵應王郎於是光武趣駕南轅晨夜舍食道旁不敢入城邑。行至呼沱河以冰合得渡。至蕪蔞亭（在今饒陽）天寒冽馮異上豆粥。至饒陽官屬乏食。至南宮遇大風雨。入道旁宮舍異復進麥粥。至下博不知所之。遂入信都（今冀縣）太守任光爲發旁縣得四千人。擊堂陽（廣宗縣東）貰（即廣宗縣）皆降之。和戎（莽析鉅鹿置和戎郡）卒正邳彤舉郡降。昌城（冀縣西北）劉植。宋子（今趙縣）耿純各據縣來奉。勢稍振。因北擊中山（今保定西境）拔盧奴

（今定縣）移檄近郡。共擊王郎。郡縣還復響應。擊王郎破之。南徇河內。河內降。以寇恂守之。繕兵積粟。為河北根本。

時劉玄已西都長安。政事紊亂。四方割據者。復起。劉永據睢陽。（今河南商丘縣）秦豐據黎丘（今湖北宜城縣東）李憲據廬江。（今縣）公孫述據成都。張步起琅琊（今山東諸城）董憲起東海。（今山東臨沂境）延岑起漢中。（今縣）田戎起夷陵（今湖北宜昌）隗囂據天水（今縣）盧芳據安定（今甘肅平涼境）彭寵據漁陽（今薊縣）竇融據河西（今甘涼境）赤眉破更始。據長安。並置將帥。侵略郡縣。而河北則有銅馬大槍諸賊。衆各數百萬人。所至寇掠。更始二年秋。光武擊銅馬于鄡。（今直隸束鹿縣）破之。復降高湖重連于蒲陽。（山名在直隸定縣。）破大彤青犢于射犬（聚名在河南沁陽縣境。）三年北擊尤來大槍五幡于元氏（今縣）羣賊略盡。復殺謝躬于鄴。（今河南臨漳）於是河北之地。盡為光武所有。遂即帝位于鄗南（在趙縣境內）朱鮪亦以洛陽降。因定都焉。
光武既即位、中原諸雄以次平定。唯竇融據河西金城武威張掖酒泉敦煌五郡。隗囂據天水安定北地隴西四郡。公孫述發國內精兵。令田戎據江陵臨江南之會。倚巫山之固。傳檄吳楚。令延岑出漢中定三輔。光武乃詔隗囂從天水伐蜀。囂言路險阻、棧道敗絕、未可攻。光武於是先謀伐囂。囂亦發兵反。使王元據隴坻（即隴口在今陝西隴縣）伐木塞道。敗漢諸將。將二萬人下隴略地至栒邑（今縣）爲馮異所破。祭遵亦破王元于汧。（水名。在今汧陽縣）由是北地等郡皆降漢。竇融亦歸漢與囂絕。八年漢兵深入、圍囂於西城（今甘肅清水縣）壅谷水以灌之。城未沒丈餘。會王元以蜀救兵至。得以入城歸冀。（今伏羌縣）九年、囂以恚憤死。餘黨以降。乃并力兩道攻蜀。來歙等出隴道破河池（今甘肅徽縣）克下辨（今成縣）岑彭破田戎於荊門。（今宜都西平喜壩）長驅入江關。（今瞿塘關）前至江州（今巴縣）直至墊江（今合川縣）又分遣臧宮從涪水上平曲（今武勝縣西）彭自江州泝都江而上。破侯丹于黃石（灘名。在今瀘縣東）倍道兼行、二千餘里、據武陽（今彭山縣）使精騎馳擊廣都。（今雙流縣）繞出延岑軍後。去成都數十里、臧宮亦破延岑於沈水、（在今射洪縣）進克綿竹、（今縣）遂滅蜀漢復中興。（參觀後漢書卷一光武本紀卷四十二劉永張步李憲彭寵盧芳卷四十三隗囂公孫述等傳。）

第九章　後漢之疆域。

光武既復舊物。四履之盛。比于前漢。有郡國百五、縣邑道侯國千一百八十。仍分爲十三部。

司隸治河南（即雒陽）領郡七。

河南郡

河內郡

河東郡

弘農郡

京兆郡

左馮翊

右扶風 以上七郡之地，俱仍前漢之舊。三輔之號，亦未改。推扶風出治槐里。(今興平縣)馮翊出治高陵。(即今縣)中平六年，嘗改右扶風爲漢安郡。

豫州治譙。今安徽亳縣領郡二國四。

潁川郡 故郡也。

汝南郡 建初七年，析汝南置西平國。章和二年仍入。

梁國 故國也。

沛國 故沛郡。建武二十年更爲國。

陳國 本兗州淮陽國。建武中改屬豫縣。章和二年更爲國。

魯國 本屬徐州。建武二十年改屬豫州。

兗州治昌邑（見前）領郡五、國三。

陳留郡

東郡

泰山郡 以上皆故郡。

山陽郡 亦故郡。建武十五年，改爲國。永平初，復爲郡。建安中又置爲國。

濟陰郡 亦故郡。永平十五年改爲國。建安十一年廢爲郡。十七年復爲國。

東平國 故國也。

任城國 元和初分東平國置。治任城今濟寧。

濟北國 本泰山郡地。永元二年析置治盧縣。今長清縣。

徐州治郯（見前）領郡二國三。

東海郡　故郡也。建武十八年爲東海國。二十八年以東海益魯。徙都魯而東海仍爲郡。建安十七年又改爲東海國。

廣陵郡　故國也。永平十年改爲郡。又泗水國。建武十三年并入廣陵。

瑯琊國　故郡也。建武十三年以兗州之城陽國并入瑯琊郡。十五年。改爲國。永元二年，復置城陽國六年復損入。

彭城國　故國也。

下邳國　故臨淮郡。永平十七年，改下邳國治下邳今邳縣。

青州治臨淄領郡二國四。

平邳郡　故郡也。延平初，改爲國。建安中，國除爲郡。

東萊郡　故郡也。

濟南國　故郡也建武十三年，改爲國。

樂安國　故千乘郡。建初四年，改爲千乘國。永元七年，更爲樂安國。

北海國故郡也。建武十二年，省淄川膠東高密三國，俱入北海郡。二十八年改爲北海國。

齊國故郡也。建武十四年改爲齊國。

冀州治部（見前）領郡三國六。

魏郡故郡也。

鉅鹿郡亦故郡。建武十三年並廣平入鉅鹿。永平二年復析置廣平國。後仍爲郡。永光五年，分鉅鹿置廣宗國（今廣宗縣）後廢之。

渤海郡故幽州屬郡。建武中，改屬冀州。本初元年改渤海國。尋復爲郡。

常山國故郡也。建武十三年，並眞定國入焉。十五年，以常山郡益中山國。永平十五年，復改郡爲國。

中山國故國也。

安平國故信都國也。建武十三年，省入信都。永平十五年，改爲成國。延光五年，改安平國。永初元年，復析安平置廣川國。（今棗强縣）二年廢之。

河間國故國也。永元三年，復置。

清河國故郡也。建初七年，改淸河國。建和二年，改爲甘陵國。

趙國故國也。

幽州治薊。領郡十，屬國一。

涿郡

上谷郡

漁陽郡

右北平郡

遼西郡

遼東郡

玄菟郡

樂浪郡以上皆故郡。

廣陽郡故國也。建武十三年，省入上谷。永平八年，復置郡。

遼東屬國安帝時，置列領昌黎等六城。

并州治晉陽領郡九。

太原郡故郡也。建武二年，改爲國。十四年復故。

上黨郡故郡。

西河郡亦故郡。永和五年以南匈奴畔，徙治離石（今縣）

五原郡亦故郡。建武二十二年，省入朔方。二十七年復置。

雲中郡故郡也。

定襄郡亦故郡。建武十年，省入雲中。二十七年，復置

雁門郡亦故郡也。

朔方郡故郡也。永和五年，徙治五原。（今縣）永建四年復置。

上郡亦故郡也。永初五年，以羌亂。徙治衙（今陝西甘泉縣彭衙鎮）永建四年，復故。永和五年，以南匈奴畔，徙治夏陽韓城縣。南少梁城，後亦復故。

揚州治歷陽（今安徽和縣）。後治壽春又治合肥。領郡六。

九江郡故郡也。永平十六年，分置阜陵國。仍屬九江郡（今安徽全椒縣東南）

丹陽郡故郡也。

豫章郡故郡也。

吳郡本會稽郡也。順帝時，分置。治吳郡故會稽郡治也。

會稽郡治陰山（今浙江紹興。）

廬江郡故郡也。建武十年，省入廬江。元和二年，改廬江郡爲六安國。章和末仍爲廬江郡。

荊州治漢壽。（今縣）後徙治襄陽領七郡。

南陽郡故郡也。

南郡亦故郡。建和四年，改爲江陵國。尋復故。

江郡夏亦故郡。建初四年，析置。平春國治平春縣（河南信陽縣西南）仍屬江夏郡。

零陵郡

武陵郡

桂陽郡以上皆故郡。

長沙郡故國也。建武十三年，改國爲郡。

益州治雒。（今四川廣漢縣）後徙治綿竹。（今縣）復治成都領郡十

屬國三。

漢中郡故郡也。

巴郡亦故郡。建安中，劉璋以墊江（今縣）爲巴郡。永寧（今南充縣北）爲巴東郡，閬中（今縣）爲巴西郡。所謂三巴也。

廣漢郡

蜀郡

犍爲郡

牂牁郡

越雋郡

益州郡以上皆故郡也。

汶山郡靈帝時置。領汶山等三縣。

永昌郡永平二年，分益州郡置。領不韋等縣八。（今雲南永昌所屬。）

廣漢屬國。領陰平道（今甘肅文縣）等三城。

蜀郡屬國。領漢嘉（今四川名山縣）等四城。

犍爲屬國。領朱提（今宜賓縣西）等二城。

涼州治隴（今甘肅泰安縣）領郡及屬國十二。

隴西郡故郡也。永和五年，以羌亂徙治襄武。（今隴西縣）延光四年復故。

漢陽郡故天水郡也。永平中更爲漢陽郡。中平五年，分置南安郡，領豲道（今隴西縣東南）等三縣。

武都郡故益州屬郡也。建武中改爲涼州。

金城郡故郡也。建武十二年，省入隴西。十三年，復置。永初四年，以羌亂徙治襄武。旋復故。永元十四年，修繕故西海郡。以金城西部都尉屯龍耆。（今西寧東南龍支城。）

安定郡故郡也。永初五年，以羌亂徙治美陽（今陝西武功縣）旋復故。

北地郡亦故郡也。永初五年，徙治池陽。（今三原縣西北）永和六年，復以羌亂徙安定。居扶風。北地居馮翊旋復故。

武威郡

張掖郡

酒泉郡

敦煌郡以上皆故郡。

張掖屬國延光初置，領候官（今張掖縣北）等五城。

居延屬國延光初，置領居延一縣。（在今張掖縣北）

交州治龍編（在今安南東京。）後徙治廣信（今廣西蒼梧縣治。）領郡七。

南海郡

鬱林郡

蒼梧郡

交阯郡

九眞郡

日南郡

合浦郡 桓帝曾析置高涼郡領高梁（今陽江縣西）等縣。餘郡皆同前漢。

（參觀後漢書郡國志）。

第十章　後漢之對外。

匈奴　自衛霍諸將深入窮追、匈奴大困。宣帝時、匈奴呼韓邪單于引衆款塞、願增漢氏元帝以王昭君賜之。（昭君靑塚在今歸化城南）光武帝時、呼韓邪單于徙居西河美稷。（今河套東部。）漢爲設中郎將、副校尉擁護之。單于亦遣韓氏骨都侯屯北地（今慶陽）右賢王屯朔方。（今河套南部。）單于骨都侯屯五原（今河套外）呼衍骨都侯屯雲中。（今薩拉齊縣一帶）郎氏骨都侯屯定襄。（今托城一帶。）左南將軍屯雁門。（今縣）栗藉骨都侯屯代郡。（今大同以東）皆領部衆、與漢民雜居。是爲南匈奴而郅支單于留漢北、都單于庭爲北匈奴明帝時、會置度遼將軍屯五原曼栢（當在今狼山口附近）以防二虜之交通。永平十六年、發兵討北匈奴至涿邪山（在今土謝圖汗南部）敗之。和帝永元元年、竇憲爲車騎將軍。與耿秉各將四千騎、及南匈奴左谷蠡王衆萬騎。出朔方雞鹿塞（在今河套之西北）南單于屯屠何將萬餘騎出滿夷谷（在今歸化城北）度遼將軍鄧鴻出稒陽塞（在今包頭鎭之西北。）皆會涿邪山遂破北單于稽落山（在今土謝圖汗西部）虜衆奔潰單于遁走追擊諸部臨私渠北鞮海（今烏布薩泊）匈奴前後降者二十餘萬憲秉登燕然山（當今三音諾顏汗部）刻石紀功而還北匈奴自是愈衰耗南部攻其前丁零（今俄屬西伯利亞中部）鮮卑（俄屬西伯利亞東部）擊其左西域侵其右永元初復爲耿夔所破單于逃亡不知所往其弟於除鞬立止蒲類海隸屬于漢永元五年叛去自是遂不可知西史言當時匈奴入歐洲殆即北匈奴之苗裔也南匈奴自永元後亦多反覆爲鄧鴻任尚所破永初三年合烏桓（今內蒙古東部）鮮卑寇五原龐雄耿夔復大破之遂乞降自是無大變動靈帝末于扶羅與白波賊合寇河內諸郡失利欲歸國人不受遂止河東後遂爲五胡之一

（參觀後漢書卷一百十九南匈奴傳通鑑紀事本末卷三十八兩匈奴叛服）

西域　王莽之亂四夷皆叛西域復叛屬匈奴明帝時班超使西域到鄯善攻殺匈

奴使者。遂出于闐，並殺匈奴使者而降。諸國皆遣子入侍。永平十七年，竇固等出敦煌昆侖塞（即莫賀延磧流沙河白龍堆）擊西域。破白山虜于蒲類海。進擊車師。車師降。於是復置西域都護及戊巳校尉。戊校尉屯後王部金滿城（今濟木薩）。巳校尉屯前王部柳中城。（今哈密之西）其後班超歸。北匈奴復以兵役屬之。超子勇平車師六國。合擊匈奴，降其衆二萬餘。陽嘉以後西域復絕，後皆滅於突厥

（參觀後漢書卷一百十八西域傳、後漢書卷七十七班超傳、卷五十三竇固竇憲傳、卷四十九耿秉傳）

西羌　王莽時，諷羌人獻西海地。（今青海）因建西海郡。莽敗，羌還據西海為寇。先是趙充國屯田湟中（今西寧以北一帶），徙羌內地。燒當亂，邊馬援遷之三輔。叛服不定。桓帝時段熲擊西羌至積石山。（今導河縣西）出塞三千餘里，降其衆而還。又以東羌先零等種來服。建寧元年熲將兵萬餘從彭陽（今安化縣西南）

至高平（今固原縣）與先零羌戰於逢義山。（在固原境）羌衆大潰。纇將兵驅羌出橋門（橋山之長城門也）連敗之於奢延澤、（在延安）落川（即洛川）令鮮水上。（安化泥河）靈武谷（今環縣西北）射虎谷（在西縣東北）凡亭山。（在華亭縣西南）羌衆散入漢陽山谷斬其渠帥以降。諸羌遂平。

（參觀後漢書卷一百十七西羌傳）

南蠻　建武中、武陵蠻反。劉尚發兵萬餘人乘船泝沅水（今沅江）入武溪（一名五溪在今瀘溪縣）擊之。尚輕敵敗沒。以馬援討之。軍至臨鄉。（今桃源縣西）次下雋（今沅陵縣）進營壺頭（在沅陵縣東）蠻乘高守隘。水疾船不得上。會暑甚、士卒多疫死。援亦病沒。會蠻飢困、宗均招降之。

交趾徵側徵貳反。九眞日南合浦蠻皆應之。略六十五城。自立爲王。以馬援爲伏波將軍、段志爲樓船將軍。率兵萬餘人南伐。援緣海而進。隨山刊道千餘里。至浪泊上。

（疑即今海防）追至禁谿（當在今富良江沿岸）擊殺徵側徵貳交趾平。（參觀後漢書卷一百十六南蠻傳）

東夷　高勾麗地在遼東之東千里。南與朝鮮濊貊（今朝鮮東部）東與沃沮（今吉林境）北與扶餘（今東蒙古郭爾羅斯之南。）接地方二千里。武帝時、從玄菟郡受賞賜。王莽更高勾麗爲下勾麗侯。於是貊人寇邊。建武時、遣使朝貢。二十五年寇右北平漁陽上谷太原。遼東太守祭彤撫定之。和帝時、爲耿夔所破、後復寇遼東玄菟。元初時、復與馬韓（今朝鮮南部）濊貊數千人圍玄菟。夫餘王遣子尉仇台將三萬人與州郡兵併力破之。斬首五百餘級。陽嘉元年、因置玄菟郡屯田六部。（參觀後漢書卷一百十五東夷傳高勾驪）

第十一章　漢末之亂。

董卓賊亂、豪傑紛起。州牧郡守、遂各據地自守、其據地較大者、凡十餘人。

冀青幽三州、併於袁紹。居鄴。(今臨漳縣。)

兗豫二州、併於曹操。居鄄。(今濮縣。)

徐州之南、併於袁術。居壽春。(今壽縣。)

徐州之北、併於陶謙。居郯。(今郯城。)後劉備呂布居下邳。(今邳縣。)

荊州併於劉表。居襄陽。(今襄陽。)

益州併於劉焉。居綿竹。(今德陽縣。)

幽州北部、據於劉虞公孫瓚。虞居薊。(今大興縣。)瓚居易。(今易縣。)

營州併於公孫度。居襄平。(今遼陽。)

揚州交州併於孫策。居吳。(今縣。)

涼州據於馬騰韓遂。

漢中據於張魯。居南鄭。(今縣。)

曹操始與袁紹等共攻董卓操說紹引河內之軍屯孟津（今縣）劉岱舉酸棗（今延津）之兵守城皋（即虎牢關）據敖倉塞轘轅大谷（在鞏縣西南）全制其險袁術帥南陽之軍軍丹析（今淅川縣）入武關（即漢高入秦之路）以震三輔紹不能用操知紹之無能爲遂欲規大河之南以待其變旣而乘間取兗州比於高祖之關中光武之河內因得剪除羣寇迎天子都許破袁紹於官渡（今中牟縣北）敗之黎陽（今濬縣）盡得河北地其後赤壁（在今蒲圻縣西）一敗而吳之勢成漢中之走蜀漢之勢成三國遂鼎立矣（參觀後漢書卷一百二至一百五三國志卷三十二及卷四十七）

第十二章　魏之疆域

曹氏篡漢仍都洛陽又以操初封都鄴（今臨漳）譙爲今亳縣爲先人本國許昌（今縣）爲漢之所居長安爲西京遺蹟遂並置五都有州十三（參觀晉書卷十

四地理志）

司隸治河南領郡六。

河南郡

河內郡

河東郡

弘農郡以上皆故郡。

平陽郡正始八年，分河東郡置。治平陽，即今山西平陽。

朝歌郡黃初二年。分河內郡置。治汲。即今汲縣。

荊州治襄陽後治宛（今南陽）又屯新野（今縣）領郡八。

南陽郡

江夏郡皆故郡。

襄陽郡　魏武分南郡置。治襄陽。

南鄉郡　魏武分南陽置。治順陽。今淅川縣境。

魏興郡　本漢中郡地。蜀析置西城郡。曹丕併入新城郡。尋復改魏興郡。治西城縣。

新城郡　本漢中郡地。劉表析置房陵郡。曹丕改新城郡。治房陵縣。

上庸郡　本漢中郡地。魏武初置上庸都尉。後爲上庸郡。治上庸縣。今竹山縣。

義陽郡　本南陽郡地。黃初二年。析置。治安昌縣。今信陽縣西北。

豫州初治譙。（今亳縣）尋治潁川。（今禹縣）領郡九。

潁川郡

梁郡

沛郡

陳郡

魯郡

汝南郡以上皆故郡。

譙郡魏武分沛郡置。治譙。

弋陽郡黃初中分汝南置。治汝陰。今安徽阜陽。

陽安郡亦曰陽安都尉。魏武分汝南置。今正陽確山二縣地。

青州治臨淄領郡七。

齊郡

濟南郡

樂安郡

東萊郡以上皆故郡。

城陽郡後漢並入瑯琊。魏武復置。本屬徐州。今改屬青州。

平昌郡魏文分城陽置。治平昌。今安邱縣西南。

長廣郡魏武分東萊郡置。治不其縣。今即墨縣西南。

兗州治鄄後屯平阿（今安徽懷遠縣東北）領郡八。

陳留郡

東郡

濟陰郡

山陽郡

任城郡

東平郡

濟北郡

泰山郡皆故郡。

揚州初治合肥後治壽春領郡三。

淮南郡 漢九江郡。袁術改淮南郡。魏因之。

廬江郡 漢故郡。魏武省入淮南。後復置。治陽泉縣。今霍丘縣西。

安豐郡 魏文分廬江置。治安豐。今壽縣西南。

徐州治彭城領郡六。

下邳郡

彭城郡

東海郡

瑯琊郡

廣陵郡 以上皆故郡。

東莞郡 正始中分瑯琊置。治東莞。今沂水縣。

涼州治武威。領郡八。

金城郡

武威郡

張掖郡

酒泉郡

敦煌郡以上皆故郡。

西平郡魏武分金城郡置。治西都縣。今西寧縣。

西郡魏武分張掖郡置。治日勒縣今山丹縣東南。

西海郡即漢居延屬國。魏以涼州刺史領戊已校尉。護西域如漢故事。

秦州治上邽（今天水縣西）領郡六。

隴西郡

漢陽郡

武都郡以上皆故郡。

南安郡漢靈帝時置。魏因之。

廣魏郡漢初平中置。永陽郡魏改治臨渭。今秦安縣東南。

陰平郡即漢廣漢屬國。魏武改置陰平郡。後入於蜀。

冀州治鄴領郡十三。

趙郡

鉅鹿郡

安平郡

渤海郡

河間郡

清河郡

中山郡

常山郡

魏郡以上皆故郡。

平原郡由靑州改屬。

樂陵郡魏武分平原郡置。今樂陵縣。

陽平郡黃初中分魏郡置。治元城。今大名縣。

廣平郡黃初中分魏郡置。治廣平今永年縣。

幽州治薊領郡十一。

范陽郡即漢涿郡。黃初中更名。

燕郡漢廣陽。魏武省入漁陽。黃初復置。

右北平郡

上谷郡

代郡

遼西郡

遼東郡

玄菟郡

樂浪郡以上皆故郡。

昌黎郡本漢遼東屬國。景初中改。

帶方郡公孫度分樂浪郡置。魏因之。

并州治晉陽領郡六。

太原郡

上黨郡

西河郡

雁門郡以上皆故郡。

樂平郡魏武分太原郡置。治沾縣今東平縣西。

新興郡魏武分太原地置。以處陘北流民。治太原縣。今忻縣西。

雍州治長安。領郡六。

京兆郡

馮翊郡

扶風郡

安定郡

北地郡以上皆故郡。

新平郡魏武分扶風郡置。治漆縣。今邠縣。

（參觀晉書卷十四地理志）

魏之邊防。荊楊雍三州與吳蜀接壤。故拒吳以廣陵壽春合肥沔口（今漢陽大別山之陰。）西陽（黃州府東南）襄陽爲重鎭。防蜀以隴西南安祁山（在西和縣北）漢陽（今伏羌縣）陳倉（在今寶雞縣）爲重鎭。

魏之外征。初魏武既破袁氏議擊烏桓田疇導之上徐無山（在今遵化縣西北馬蘭關東。）塹山堙谷五百餘里。經白檀（今灤平縣東南。）歷平剛（在今平泉縣）涉鮮卑庭（在今喀拉沁中旗）東指柳城（在今東土默特右翼）大破蹋頓于白狼山（在今建昌縣）平四部烏桓校尉洞柔統遺落徙中國高句麗王伊夷模初爲公孫康所破、子位宮立數爲侵叛。正始中、幽州刺史毋丘儉將萬人出玄菟討之。戰于沸流（今鴨綠江上流）敗之。追至頳峴登丸都山（今奉天臨江境）屠其所都位宫奔沃沮（今吉林境）儉使玄菟太守王頎追之過沃沮千餘里到肅愼南界（今吉林北部）刻石紀功而還（參觀三國志卷三十烏桓鮮卑高句麗卷二十八毋丘儉傳）

建安中代郡上谷烏桓曹彰擊破之靑龍中復破鮮卑于樓煩（今奇嵐縣）邊境稍安然匈奴自漢以來入居塞內魏武分其衆爲五部左部居太原范氏（今隰縣）右部居祁（今祁縣）南部居蒲子（今臨汾縣）北部居新興（今忻縣）中部居太陵（今文水縣）是五胡之亂其根株已自此伏矣（參觀晉書卷九十七北狄匈奴）

第十三章　蜀漢之疆域

先主始由荊州進取成都遂以定都有州凡二

益州治成都領郡十二

蜀郡。

犍爲郡

汶山郡

越巂郡

牂牁郡

永昌郡以上皆故郡。

江陽郡劉璋分犍爲郡置。治江陽縣今瀘縣。

漢嘉郡本犍爲屬國。

朱提郡本犍爲屬國。俱章武元年改置。

建寧郡即漢益州郡。建興二年改置。治味縣今曲靖西。

雲南郡本永昌郡地。建興二年。析置。治雲南縣今鳳儀縣。

興古郡建興二年析牂牁縣置。治律高縣今馬龍縣東。

梁州治漢中領郡十。

漢中郡

廣漢郡

巴郡以上皆故郡。

梓潼郡先主析廣漢郡置。治漢壽。今廣元縣。

涪陵郡先主析巴郡置。治涪陵縣。即今縣。

巴東郡

巴西郡皆劉璋分巴郡置。

宕渠郡先主分巴郡置。治宕渠縣今營山縣。尋省入巴西。

陰平郡魏武置。建興七年入于蜀。

武都郡（漢故郡。）

蜀漢之邊防。蜀據西南、江山險固。東拒吳、以白帝爲重鎭。北拒魏、以漢中（今漢中）與勢（山名今洋縣北）陽平（關名在寧羌縣東北）爲重鎭。而陰平左擔尤爲藩籬之守。

蜀漢之外征。建興初、益州耆帥雍闓反、并使郡人孟獲誘煽諸夷。於是牂牁（今貴州遵義等縣）越嶲（今四川西昌冕寧等縣）皆應之。惟永昌（今保山等縣）尚爲蜀守。建興三年、丞相亮率衆渡瀘（今金沙江）由越嶲入、擊斬雍闓。步恢由益州入、馬忠由牂牁入、擊破諸縣。復與亮合至滇池（在今昆明）遂擒孟獲。南中四郡皆平。（參觀三國志蜀志卷五諸葛亮傳卷十三馬忠傳呂凱李恢等傳。）

第十四章　吳之疆域。

孫氏略定江東，始屯曲阿（今丹陽縣）。繼屯吳，繼而徙治丹徒，尋定都秣陵，號曰建業（今江寧縣），而以武昌為行都。（今鄂城縣）有州三十五，得漢十三州之三。

楊州治建業，領郡十三，都尉二。

丹陽郡

吳郡

會稽郡

豫章郡以上皆故郡。

廬江郡與魏分置。治皖，今安徽安慶。

廬陵郡孫策分豫章郡置。治廬陵，即今縣。

鄱陽郡孫權分豫章郡置。治鄱陽縣，即今縣。

新都郡孫權分丹陽郡置。治始新。今浙江淳安縣。

臨川郡吳太平二年，分豫章郡置。治臨汝縣，今江西臨川縣。

臨海郡太平二年分會稽東部都尉置。治章安縣。今浙江臨海縣東。

建安郡永安三年。分會稽南部都尉置。治建安縣今福建建甌縣。

吳興郡寶鼎初分吳郡置。治烏程即今縣。

東陽郡寶鼎中分會稽郡置。治長山縣。今金華縣。

廬陵南部都尉寶鼎初分廬陵郡置。治雩都即今縣。

建昌都尉孫策分豫章郡地置。治海昏，今江西永修縣。

荊州治南郡領郡十四。

南郡

武陵郡

零陵郡

桂陽郡

長沙郡以上皆故郡。

宜都郡魏分南郡。枝江以西為臨江郡。蜀先主分置宜都郡。吳因之。治夷陵今湖北宜昌縣。

臨賀郡黃武中分蒼梧郡置。治臨賀即今廣西賀縣。

衡陽郡太平二年，分長沙西部都尉置。治湘鄉縣今湖南衡山縣之南。

湘東郡太平二年，分長沙郡置。治酃縣即今縣。

建平郡永安三年，分宜都郡置。治建平縣。今湖北秭歸縣。

天門郡永安中，分武陵郡置。治零陽，今湖南石門縣。

邵陵郡寶鼎初，分零陵北部都尉置。治邵陵縣今湖南邵陽縣。

始安郡甘露初，分零陵南部都尉置。治始安今廣西桂林縣。

始興郡寶鼎初，分桂陽郡置。治曲江縣。今廣東曲江縣。

郢州治江夏（今武昌縣）領郡五。

武昌郡漢江夏郡地。治沙羨。今湖北江夏縣。

蘄春郡孫權分江夏郡置。治蘄春今蘄春縣。

安成郡寶鼎二年，分豫章廬江郡置。治平都縣，今江西安福縣。

彭澤郡孫權分豫章廬江郡置。領彭澤潯陽柴桑三縣。

漢昌郡孫權分長沙郡置。治漢昌縣今湖南平江縣。

交州治龍編（今安南東京）領郡七。

日南郡

交趾郡

九眞郡

合浦郡以上皆故郡。

新昌郡建衡三年置。治麋泠縣，今安南富良江沿岸。

武平郡寶鼎初置。治武寧縣今安南安平境。

九德郡寶鼎初置。治九德縣。今安南西北境。

廣州治番禺（今縣）領郡七。

南海郡

蒼梧郡

鬱林郡

高涼郡以上皆故郡。

高興郡分高涼郡置。治廣化。今廣東陽江縣西北。

桂林郡寶鼎中，分鬱林郡置。治潭中縣，廣西馬平縣。

合浦北部 永西中分合浦郡置。治寧浦縣今橫縣。

吳之邊防　吳據江東有天塹之固、兼得江北之地、西拒蜀以建平（今秭歸）西陵（今宜昌）樂鄉爲重鎭。北拒魏以南郡（今江陵）巴邱（今巴陵）夏口（今漢口）武昌（見上）皖城（見上）牛渚磯。（即采石磯）濡須塢（今巢縣東南）爲重鎭。後又得邾城。（今黃岡縣）沔口（見前）廣陵（今江都）並爲重鎭。

吳之外征　立國江南、以吳爲首。吳西北逼於蜀魏東南皆傍大海。無可發展大帝時嘗爲公孫淵所誘。出使遼東因受高句麗之貢。呂岱擊斬士徽因定交趾然比于魏蜀固不及也。先是丹陽地勢險阻、與吳郡（今吳縣）會稽（今紹興）新都（今淳安）鄱陽（今縣）四郡鄰接周旋數千里山谷萬重逋亡宿惡前世所不能羈。大帝時、拜諸葛恪爲撫越將軍。恪至丹陽移書四郡、各保疆界、羅兵幽阻。芟刈穀稼。山民飢窮。出降。於是黟歙之地以開。富庶比於三吳。蓋六朝之業。吳實始基之矣。（參觀三國志卷六十呂岱傳卷四十九士燮傳卷六十四諸葛恪傳）。

第十五章　晉之統一。

司馬氏既握魏政。謀幷吳蜀。以吳地廣大。下濕。攻之不易。擬先取蜀以取順流之勢。於是遣鄧艾督軍自狄道（今狄道縣）趨甘松沓中（皆在今洮縣西南）以連綴姜維。諸葛緒督軍自祁山（今西和縣北）趨武街（今成縣治）橋頭（即陰平橋頭在白水上）絕維歸路。鍾會統大軍分從斜谷（在郿縣西南）駱谷（今盩厔縣西南）子午谷（今長安縣西南）趨漢中。會既平行至漢中分兵圍漢樂（漢城在今沔縣西南。樂城在城固縣東南。）徑趨陽安關（即陽平關在今寧羌縣西北）遂下之。長趨而前。姜維從橋頭過至陰平。聞陽平關破。乃退趨白水（今昭化縣西景谷城是）合諸軍守劍閣（今縣）以拒會會不得前。鄧艾乃自陰平行無人之地七百餘里、鑿山通道。由左擔趨江油（今縣）擊諸葛瞻于涪（今綿陽縣）敗之漢人洶懼乞降、蜀地悉定。（參觀通鑑紀事本末卷五十八、魏滅蜀。）蜀既滅、其後羊祜鎮襄陽。遂請伐吳、祜卒、荐杜預自代。預復請伐吳、許之。命瑯邪王伷出涂中（即由滁縣通儀徵之路）王渾出江西（即由和縣出橫江之路）王戎出武昌、胡奮出夏口、杜預出江陵（皆見前）王濬以樓船下巴蜀、凡六道。而以賈充屯襄陽節制諸軍。既而王渾出橫江、所向皆捷。胡奮克江安（今湖北公安縣）杜預克樂鄉（今湖北松滋縣東）取江陵、王濬克丹陽（今姊歸東南）下西陵（今西陵峽）荊門（今宜都縣西）夷道（今宜都縣）沅湘以南、接于交廣、望風而靡。王濬進克武昌、舟過三山（在今南京西南）入石頭（在今南京城內）吳主出降、吳地悉定、已而篡魏、仍都洛陽。分天下為十六州。後又分雍梁至益州分荊楊爲江州。幽爲平州。復分益爲寧州。凡二十州。州郡所轄、多因兩漢之舊。（參觀通鑑紀事本末卷六十一晉滅吳晉書卷十四地理志）

第十六章　五胡之亂。

晉一天下、僅歷二世。八王構兵、羣狄乘之。晉以南度。中原之地。遂亂於五胡。

劉淵起離石（今山西縣名）還都左國城（今離石縣東北）稱漢。劉曜據長安改漢曰趙。其地東抵太行。南及嵩洛。西距隴坻（即隴坂在今陝西隴縣）北不及汾晉。置州凡八。

幽州劉淵置。治離石。劉曜改治於北地。

雍州劉淵置。治平陽，今臨汾縣。

荊州劉曜置。治洛陽。

秦州劉曜置。治上邽。今甘肅天水縣。

凉州劉曜置。治上邽與秦同治。

朔方劉曜置。治高平。今甘肅鎮原縣。

幷州劉曜置。治蒲阪。今山西蒲縣。

益州劉曜置。治仇池。今甘肅成縣西北。

（參觀晉書卷一百一、一百二、一百三通鑑紀事本末卷六十五十六國疆域志魏書卷九十五劉聰）

石勒據襄國（今直隸邢台縣）稱趙冉閔據鄴（今河南臨漳縣）改趙曰魏當其盛時、據地南踰淮漢東抵海西至河西北盡燕代置州凡十五。

冀州治信都，今直隸冀縣。

幷州治上黨，今山西長治縣。

朔州治代北。今直隸蔚縣。

兗州治鄄城。今山東濮縣。
徐州治廩丘。今山東范縣東南。
幽州治薊。今京兆。
青州治廣固。今山東益都縣西北。
雍州治長安。今陝西長安縣。
秦州治上邽。今甘肅天水縣。
揚州治壽春。今安徽壽縣。
豫州治許昌。今河南許昌縣。
荆州治襄陽。後徙魯陽。今河南魯山縣。
司州治洛陽。石虎改置司州於鄴。置洛州於洛陽。
營州石虎置。治令支。今直隸遷安縣西。

涼州石虎置。治金城。今甘肅皋蘭縣。

（參觀晉書卷一百四、一百五通鑑紀事本末卷七十二。十六國疆域志魏書卷九十五石勒）。

慕容氏起遼西始都龍城。（今熱河朝陽縣境）繼遷于薊（今北京）復遷于鄴當其盛時南至汝穎東盡青齊西抵崤澠（今河南澠池縣）北守雲中。（今山西大同）置州凡十。

幽州治龍城。後徙治薊。

平州治襄平。今奉天遼陽。

冀州治常山。今正定。後還治信都，今冀縣。

青州治樂陵。後還治廣固。今益都。

兗州治陽平。今山東汶上縣。

中州治鄴。

洛州治金墉。今河南洛陽之東。

并州治晉陽。今山西太原縣。

荊州治蠡台（今河南商丘縣城南）後徙治魯陽。今魯山縣。

豫州治陳留。即今縣。後徙治許昌，即今縣。

（參觀晉書卷一百八、一百九、一百十、一百十一、通鑑紀事本末卷六十六。十六國疆域志前燕魏書卷九十五慕容廆）

慕容垂據中山（今直隸定縣）稱後燕。其地南至瑯琊東訖遼海西抵河汾北暨燕代置州凡八。

冀州治信都。

幽州初治薊，後治龍城。

平州治平郭。今奉天蓋平縣南。

兗州初治東阿，今山東東阿縣。後徙滑台。與豫州同治。今河南滑縣。

青州治歷城即今縣。

徐州治黎陽今濬縣，又徙治鄄縣。（見前）

幷州治晉陽今太原縣。

雍州治長子即今縣

（參觀晉書卷一百二十三後燕。通鑑紀事本末卷八十六。十六國疆域志後燕魏書卷九十五慕容垂）

慕容永據長子爲西燕其地凡八郡。

上黨今潞城諸縣。

太原今陽曲諸縣。

平陽今臨汾諸縣。

河東今安邑諸縣

樂平今昔陽縣。

新興今忻縣西。

西河今離石諸縣。

武鄉今武鄉縣。

（參觀通鑑紀事本末卷八十六西燕十六國疆域志魏書卷九十五慕容永）

慕容德起滑臺據廣固爲南燕。其地東至海、南至泗上、西至距野（即今縣）北臨河

置州凡六。

司隸治廣固　今益都縣。

兗州治梁父。今泰安縣南。

青州治東萊今掖縣。

并州治平陰即今縣。

幽州治發干，今堂邑縣西南。

徐州治莒城，今莒縣。

（參觀通鑑紀事本末卷八十九。晉書卷一百二十七南燕。魏書卷九十五、慕容廆）

馮跋據和龍（即龍城在今熱河朝陽縣）爲北燕。襲前燕舊壤。唯移司隸治和龍青并二州鎮白狼（在朝陽之西南）幽冀二州鎮肥如（在盧龍縣西北）餘者無所更變也。

（參觀晉書卷一百二十五北燕通鑑紀事本末卷九十八、魏書卷九十七馮跋）

苻健據長安（今陝西長安縣）稱秦、當其盛時、南至邛僰、東至淮泗、西包西域、北盡大磧、於十六國中、爲最盛焉、置州凡二十一。

司隸治長安。

秦州治上邽。今甘肅天水縣。

南秦州治仇池。今甘肅成縣。

雍州治安定今甘肅涇川縣。

涼州治姑臧。今甘肅武威縣。

并州治晉陽。今山西太原縣。

冀州治鄴。今河南臨漳縣。

豫州治洛陽。

荊州治襄陽。

洛州治豐陽，今陝西山陽縣。
梁州治漢中。
河州治枹罕，今甘肅導河縣。
晉州治平陽。今山西臨汾縣。
益州治成都。
寧州治墊江。今四川合川縣。
兗州治倉垣。今河南陳留縣。
徐州治彭城。今江蘇銅山縣。
揚州治下邳，今江蘇邳縣。
幽州治薊。今京兆薊縣。
平州治和龍，今熱河朝陽縣。

青州治廣固，今山東益都縣。

（參觀晉書卷一百十二、一百十三、一百十四前秦。通鑑紀事本末卷八十三、四、五。十六國疆域志。魏書卷九十五苻健）

姚萇據長安為後秦其地南至漢川東逾汝潁西控西河北守上郡置州凡十。

司隸治長安。

秦州治上邽。

雍州治安定。

并州治蒲坂，今山西永濟縣。

河州治枹罕。

涼州治姑臧。

豫州治洛陽。

兗州治倉垣。

徐州治項城。今河南項城縣。

荊州治上洛，今陜西商縣。

（參觀晉書卷一百十六後秦。通鑑紀事本末卷八十六、姚萇滅秦十六國疆域志魏書卷九十五。）

乞伏乾歸據苑川（今甘肅靖遠縣西南）爲西秦。其地西抵浩亹（今西寧西北）東至隴坂北距河南接吐谷渾（今洮岷一帶地。）置州凡七。

秦州治西安今甘肅秦安縣。

河州治枹罕，今導河縣。

涼州治樂都，今青海東界。

梁州治赤水，今隴西縣東。

益州治臨川，今臨潭縣南。

商州治澆河。今西寧城西。

沙州治潦河，今西寧縣西北。

（參觀晉書卷一百二十五西秦。通鑑紀事本末卷九十四魏書卷九十九、乞伏國仁）

楊茂搜據仇池亦稱秦始封百頃王、歷兩楊傳世十六七。展轉於上邽、（今天水）武都（今成縣西北）葭盧（今階縣東北）白水（今寧羌縣西南）武興（今略陽縣）至西魏時、始滅。惟據地既小。又嘗稱臣南北。故史不稱國。（參觀通鑑紀事本末卷七十三。）

張軌據姑臧（今武威）霸河西。稱前涼。其地南逾河湟東抵秦隴西包葱嶺（今帕米爾高原）北暨居延（今額濟納地、）置州凡三。

涼州治姑臧。

河州治興晉，今導河縣。

沙州治敦煌，今敦煌縣。

（參觀通鑑紀事本末卷六十八、及卷八十四。十六國疆域志前涼魏書卷九十九張實）

禿髮烏孤據廉川（今西寧縣西南）爲南涼其地東起金城（在今皐蘭縣）西至西海（即今靑海）南有河湟北至廣武（在今皐蘭縣西）

（參觀通鑑紀事本末卷九十五。晉書卷一百二十六。魏書卷九九十、禿髮烏孤）

沮渠蒙遜據張掖（今張掖縣）爲北涼其地東抵河湟西控西域置州三。

沙州治酒泉，今酒泉縣。

涼州治姑臧。

秦州治張掖。

（參觀晉書卷一百二十九。南涼通鑑紀事本末卷九十六。魏書卷九十九。沮渠遜蒙）

李暠據敦煌爲西涼。據有郡七。敦煌酒泉晉興建康涼興（皆故郡）會稽（今酒泉縣西境）廣夏（今安西縣西）等七郡。（參觀魏書卷九十九涼王李暠傳）

呂光據姑臧爲後涼。盡有前涼張氏舊壤。未幾分裂。姑臧而外、僅餘倉松（今莊浪縣西）番禾（今永昌縣）二郡。

（參觀晉書卷一百二十二。通鑑紀事本末卷九十三。魏書卷九十五。呂光）

李雄據蜀稱成。（今成都）李壽改稱漢其地東守三峽、（在今巴東）南兼僰爨（今雲南）西抵岷邛（岷山邛崍關）北據南鄭。（今縣）置州五。

益州治成都。

梁州治涪，今四川涪陵縣。

寧州治建寧，今雲南昆明縣西。

荊州治巴郡，（今重慶）分梁州置。

交州治興古，今雲南馬龍縣東。

（參觀晉書卷一百二十後蜀。通鑑紀事本末卷六十七魏書卷九十六李雄）

譙從據蜀稱成都王。其地南不踰邛僰北不得漢中。置州四。

益州治成都。

巴州治白帝，今巫山縣東。

秦州僑治晉壽，今昭化縣。

梁州僑治涪城 今涪陵縣。

（參觀通鑑紀事本末卷九十二。晉書卷一百）

赫連勃勃據統萬（在今陝西榆林邊外鄂爾多斯旗）稱夏。其地南及秦嶺（今終南山）東抵蒲津（今朝邑縣之東）西至秦隴北薄於河。（今河套北之黃河）

置州凡九。

幽州治大成，今榆林縣東北。

朔州治三城，今膚施縣東南。

雍州治長安。

幷州治蒲阪，今山西蒲縣。

秦州治上邽，今甘肅天水縣。

梁州治安定，今甘肅涇川縣。

北秦州治武功，今武功縣。

豫州治李潤，今陝西朝邑縣北。

荆州治陝，今河南陝縣。

（參觀通鑑紀事本末卷一百四。晉書卷一百三十。十六國疆域志夏）

第十七章　南北朝疆界。

晉室南渡、定都建康（今南京）苟安江表、惟有楊荆湘江梁益交廣數州。徐州則僅過半。豫州則僅譙城（今安徽亳縣）而僑治州郡、寖以益多。增損離合、不能悉詳矣。其沿邊戰守、常以上明（今湖北松滋縣西）江陵（今縣）夏口（今漢口）武昌（今鄂城）合肥（今縣）壽陽（今壽縣）淮陰（今縣）為重鎮。而漢中、（今南鄭）襄陽（今縣）彭城（今銅山縣）亦間為屏藩。（參觀通鑑紀事本末卷七十九）

及劉裕奮起草澤、北平廣固（今益都城西北）西克巴蜀長安而晉祚以移。其後長安復陷於夏。所有州凡二十二。而南徐南兗南豫皆僑置。不常厥治。沿邊戰守、則以襄陽懸瓠（今河南汝南縣東南）彭城歷城東陽（今山東益都縣治）爲重鎭。（參觀通鑑紀事本末卷一百二、一百三。卷一百十。）

迨蕭齊之世、沔北淮南皆失。有州凡二十三。青治朐山（今東海縣）冀治漣口（今漣水縣）豫治壽春北兗治淮陰北徐治鍾離（今鳳陽縣東）巴治巴東（今縣）而南鄭樊城（襄陽城北、漢水北岸）義陽壽春淮陽（今泗陽）角城（今泗陽東南）漣口朐山並稱重鎭焉。（參觀通鑑紀事本末卷一百二十三）

蕭梁承齊之後、淮沔南北、得失不常。其重鎭則在雍州（即襄陽）下溠戍（今棗陽縣東南）夏口白句堆（今正陽縣東南）硤石（山名今壽縣西北）合州（今合肥）鍾離淮陰朐山（參觀通鑑紀事本末卷一百二十五、一百二十九。）

及侯景之亂、江北之地殘於高齊。漢中蜀川沒於西魏。陳人拾梁餘緒、始終以長江爲限、而南朝之王氣盡矣。（參觀通鑑紀事本末卷一百三十七、一百三十九。）

元魏起自北荒、徙居盛樂、既得陘北、復都平城、遂滅燕滅夏、統一北方。其地東接高麗、西至流沙、北逾大磧（今陰山以北）南臨江漢。迨胡后內亂、六鎮外撓、遂分爲二。西魏都長安而篡於周、東魏都鄴而篡於齊。黃河南北、復見東西對峙之局。河北自晉州（今太原）之東、河南自洛陽之東、皆爲齊境。而姚襄城（在今山西吉縣西）洪洞（今縣）晉州平武關（今絳縣西、）軹關（今濟源縣西北）栢崖（今孟縣西）河陽（今孟縣西南）虎牢洛陽北荊州（今伊陽縣）孔城防（今洛陽縣南）汝北郡（今汝縣西南）魯城（今魯山縣東北）皆其邊防要地也。晉州洛陽之西爲周境、而玉壁（今稷山縣西南）邵郡（今垣曲縣治）齊子嶺（今濟源縣西）通洛防（今新安縣東）黃壚三城（俱在今洛寧縣東）土劃（今盧氏縣東南）三荊（荊治穰城今鄧縣）南荊治安昌（今信陽縣西北）東荊治洮陽（即今縣）三鴉鎮（在今魯山縣）皆其邊防要地也。周齊相爭、屢出洛陽、周皆無功。既而周人進兵汾潞、直掩晉陽、東逼鄴都、齊遂以亡。（參觀通鑑紀事本末卷一百三十四、卷一百四十六、卷一百四十八。）

第十八章　隋之統一、及其末世之紛亂。

隋既代周、定都大興、先取江陵、乃謀幷陳、遂命晉王廣出六合（今縣）秦王俊出襄陽、楊素出永安（自永下下三峽）劉仁恩出江陵、王世積出蘄春（今縣）韓擒虎出廬江（今州）賀若弼出廣陵（今江都）燕榮出東海（渡海以臨三吳）（今縣）八道並進、遂克建康。煬帝復平林邑（今安南地）滅吐谷渾（今青海境）其地北至五原（今縣）西抵且末（今新疆東南境）幾復漢晉之舊矣。

（參觀通鑑紀事本末卷一百四十九楊堅篡周、卷一百五十一隋滅陳、隋書卷八十二南蠻傳林邑、卷八十三西域傳吐谷渾、卷二十九地理志。）

煬帝虐用其民，內則掘塹開河，功役煩擾。外則兩伐高麗，勞師千里。於是玄感先叛，反者四起。

（參觀隋書卷二十四食貨志、通鑑紀事本末卷一百五十四隋討高麗、卷一百五十五煬帝亡隋。）

李密起滎陽（今河南滎陽縣）稱魏。

竇建德起漳南（今山東恩縣）稱夏。

薛舉起金城（今甘肅皋蘭縣）稱秦。

李軌起武威（今縣）稱涼。

劉武周起馬邑（今山西朔縣）稱定楊。

郭子和起榆林（今縣）稱永樂。

宇文化及弒煬帝出江都（今縣）稱許。

王世充敗李密于邙山（今洛陽之北）稱鄭。

高開道據豆子䴚（今天津鹹水沽）稱燕。

劉黑闥據漳南稱漢東。

徐圓朗陷東平（今縣）稱魯。

輔公祏起丹陽（今縣）稱宋。

朱粲起荊沔（今縣。湖北境）稱楚。

林士宏起豫章（今江西境。）亦稱楚。

李子通據海陵（今江蘇泰縣）稱吳。

杜伏威掠淮南據六合（今縣）亦稱吳。

汪華據黟歙（今黟縣歙縣）亦稱吳。

梁師都起朔方（今寧夏）稱梁。

蕭銑據巴陵（今縣）亦稱梁。

沈法興起吳興（今縣）亦稱梁。

迨唐室既興、乃以次翦除。

（參觀新唐書卷八十四至卷八十七李密等列傳。）

中國地理沿革史正誤表

南園叢稿卷十五第三張下面第九行　有蜀山氏及蠶叢應作有蜀山氏及蠶叢

同　上　第三二張上面第七行筰自應作自筰冉駹應作冉駹

同　上　第三二張上面第八行冉駹應作冉駹

同　上　第三二張下面第一行冉駹應作冉駹

同　上　第三二張下面第三行冉駹應作冉駹

同　上　第三二張下面第四行冉駹應作冉駹

同　上　第三四張下面第四行旁小山應作旁小山

同　上　第四一張下面第八行濟廣郡應作濟陰郡

同　上　第四二張上面第八行平邳郡應作平原郡

同　上　第四四張上面第十一行江郡夏應作江夏郡

南園叢稿目錄

卷十六

中國地理沿革史卷下

中國地理沿革史

泗陽張相文蔚西撰

男 星烺校

第十九章　唐興用兵之次第。

唐起太原（今太原縣）先取河西（今汾陽縣）進克霍邑（今霍縣）入臨汾（今縣）拔絳郡（今絳縣）由龍門（此即禹貢之龍門）渡河、鼓行入關中東守潼關西靖隴右以定根本。既而東討世充進軍慈澗（在河南新安縣）分兵自宜陽（今縣）南據龍門（此爲伊闕）復自太行東圍河內自河陰（今縣）攻迴洛城（在孟津縣東北）自洛口斷其餉道。（洛水入河之口在鞏縣）遂圍東都。既而竇建德引河北之軍來救。水陸並進。營于成皋東原。（即今汜水東岸之原）

秦王乃分兵守洛陽自帥驍銳先據成皋建德不得進終就擒世充亦降大河南北悉定既又發巴蜀兵使趙郡王孝恭及李靖自夔州東下分遣黔州（今四川彭水縣治）刺史田世康出辰州道（今湖南沅陵縣）黃州刺史出夏口共擊蕭銑銑降嶺南諸州相率降附三吳江淮以次平定輔公祏復據丹陽而叛詔孝恭自襄州（今襄陽）趨江州（今九江）李靖以交廣泉桂之衆趨宣州（今宣城）黃君漢出譙亳（今亳縣）李世勣出淮泗（自泗入淮）討之敗公祏于樅陽（今桐城縣東南）進拔鵲頭鎮（今銅陵縣北鵲頭山）又破之于蕪湖（今縣）拔梁山（今和縣南）博望（今梁山東）青林（今當塗縣東南）三鎮進克丹陽公祏走死天下大定

（參觀通鑑紀事本末卷一百五十六高祖興唐至卷一百六十四唐平山東）

第二十章　唐之疆域

自晉以後、南北分裂。州郡僑置。類多浮僞。民少官多、十羊九牧。唐興、定都長安。（即隋之大興城）並建五都。（東京洛陽西京鳳翔南都江陵北都太原）乃革前代之弊、大加省併。因山川形便、分天下爲十道。

（參觀新唐書卷三十七至卷四十三地理志）

關內道　其地東距河。西抵隴坂。南據秦嶺。北邊沙漠。統州二十二。

雍州亦曰京兆府。治今長安縣。隋曰雍州。唐因之。領萬年等縣十八。

華州亦曰華陰郡。治今華縣。魏曰華州。隋唐因之。領鄭縣等縣三。

同州亦曰馮翊郡。治今大荔縣。西魏曰同州。隋唐因之。領馮翊等縣九。

岐州亦曰扶風郡。治今鳳翔縣。隋唐因之。領雍縣等縣八。

隴州亦曰汧陽郡。治今隴縣。西魏曰隴州。隋唐因之。領汧原等縣五。

邠州亦曰新平郡。治今邠縣。西魏置豳州。隋唐因之。領新平等縣四。

涇州亦曰安定郡。治今涇川縣。後魏置涇州。隋唐因之。領安定等縣五。

寧州亦曰彭原郡。治今寧縣。西魏曰寧州。隋因之。領定平等縣七。

坊州亦曰中部郡。治今中部縣。領中部等縣三。

鄜州亦曰洛交郡。治今鄜縣。領洛交等縣五。

丹州亦曰咸寧郡。治今宜君縣。後魏曰丹州。隋唐因之。領義川等縣五。

延州亦曰延安郡。治今膚施縣。後魏曰延州。唐因之。領膚施等縣九。

慶州亦曰安化郡。今慶陽縣。隋曰慶州。唐因之。領安化等縣八。

原州亦曰平涼郡。治今鎮原縣。後魏曰原州。唐因之。領高平等縣三。

鹽州亦曰五原郡。治今平羅縣。西魏曰鹽州。唐因之。領五原等縣二。

靈州亦曰靈武郡。治今靈武縣。後魏置靈州。隋唐因之。領回樂等縣五。

會州亦曰會寧郡。治今靖遠縣。西魏置會州。唐因之。領會寧等縣二。

夏州亦曰朔方郡。治今鄂爾多斯加薩旗地。後魏曰夏州。隋唐因之。領朔方等縣四。

豐州亦曰九原郡。治今鄂爾多斯郡王旗地。隋置豐州。唐因之。領九原等縣三。

勝州亦曰榆林郡。治今鄂爾多斯達拉特及準噶爾旗地。隋置勝州。唐因之。領榆林等縣二。

綏州亦曰上郡。治今綏德縣。西魏置綏州。隋唐因之。領龍泉等縣五。

銀州亦曰銀川郡。治在今米脂縣西北。後周置銀州。隋唐因之。領儒林等縣四。

河南道、其地東距河、西抵函谷。南濱淮。北薄于河。統州二十八。

洛州亦曰河南府。治今洛陽。北齊曰洛州。隋唐因之。領河南等縣二十六。

陝州亦曰陝郡。治今陝縣。漢魏曰陝州。隋唐因之。領陝縣等縣五。

虢州亦曰弘農郡。治今靈寶縣西南、故弘農城。領弘農等縣六。

汝州亦曰臨汝郡。治今臨汝縣。隋置汝州。唐因之。領梁縣等縣三。

鄭州亦曰滎陽郡。治今鄭縣漢周曰鄭隋唐因之。領管城等縣八。

汴州亦曰陳留郡。治今開封漢周曰汴州隋唐因之。領浚儀等縣五。

豫州亦曰汝南郡。治今汝南縣劉宋爲豫州治。魏周唐因之。領汝陽等縣十。

許州亦曰潁川郡。治今許昌縣漢周曰許州唐因之、領長社等縣九。

陳州亦曰淮陽郡。治今淮陽縣隋曰陳州唐因之。領宛丘等縣四。

潁州亦曰汝陰郡。治今阜陽縣唐初置。領汝陰等縣三。

亳州亦曰譙郡。治今亳縣漢周曰亳州隋唐因之。領譙縣等縣八。

宋州亦曰睢陽郡。治今商丘縣隋置宋州唐因之。領宋城等縣七。

曹州亦曰濟陰郡。治今曹縣西北廢濟陰縣漢周置隋唐因之。領濟陰等縣五。

滑州亦曰靈昌郡。治今滑縣隋置、唐因之。領白馬等縣七。

濮州亦曰濮陽郡。治今濮縣隋置、唐因之。領鄄城等縣二。

鄆州亦曰東平郡。治今東平縣。隋置、唐因之。領須昌等縣三。

濟州亦曰濟陽郡。治今長清縣西。隋置、唐因之。領盧縣等縣五。

齊州亦曰濟南郡。治今歷城縣。漢魏置、隋唐因之。領歷城等縣八。

淄州亦曰淄川郡。治今臨淄縣。隋置、唐因之。領淄川等縣五。

徐州亦曰彭城郡。治今銅山縣。晉置、魏隋唐因之。領彭城等縣六。

兗州亦曰魯郡。治今甯陽縣。劉宋置、隋唐因之。領瑕丘等縣八。

泗州亦曰臨淮郡。治今盱眙縣北。後周置、隋唐因之。領臨淮等縣五。

沂州亦曰瑯琊郡。治今臨沂縣。後周置、隋唐因之。領臨沂等縣五。

青州亦曰北海郡。治今益都縣。東晉置、劉宋隋唐因之。領益都等縣七。

萊州亦曰東萊郡。治今掖縣。隋置、唐因之。領掖縣等縣六。

棣州亦曰樂安郡。治今惠民縣。唐初置。領厭次等縣五。

密州亦曰高密郡治今高密縣隋置、唐因之。領諸城等縣四。

海州亦曰東海郡治今東海縣東魏置隋唐因之。領朐山等縣四。

河東道 其地東距常山。（今恆山）西據河南抵首陽（今山西永濟縣東南）

東包太行。北邊匈奴統州十八。

并州亦曰太原府治今太原縣漢置晉以後因之。領太原等縣十四。

潞州亦曰上黨郡。治今長治縣後周置唐因之。領上黨等縣五。

澤州亦曰高平郡。治今晉城縣隋置、唐因之。領晉城等縣六。

絳州亦曰絳郡。治今新絳縣後周置隋唐因之。領正平等縣五。

晉州亦曰平陽郡。治今臨汾縣後魏置、周隋唐因之。領臨汾等縣七。

蒲州亦曰河東郡。又爲河中府。治今永濟縣後周置、隋唐因之。領河東等縣五。

汾州亦曰西河郡。治今汾陽縣後魏置唐因之、領隰城等縣五。

慈州亦曰文成郡。治今吉縣。唐初置、領吉昌等縣五。

隰州亦曰大寧郡。治今隰縣。隋置、唐因之。領隰川等縣六。

石州亦曰昌化郡。治今離石縣。後周置、唐因之。領離石等縣五。

沁州亦曰陽城郡。治今沁縣。隋置、唐因之。領沁源等縣三。

箕州亦曰東平郡。治今遼縣。唐初置遼州。領遼山等縣四。

嵐州亦曰樓煩郡。治今嵐縣。後魏置、隋唐因之。領宜芳等縣四。

忻州亦曰定襄郡。治今忻縣。隋置、唐因之。領秀容等縣二。

代州亦曰雁門郡。治今代縣。隋置。唐因之。領雁門等縣五。

朔州亦曰馬邑郡。治今朔縣。後魏置。隋唐因之。領善陽等縣二。

蔚州亦曰安邊郡。治今蔚縣。後周置、隋唐因之。領靈邱等縣三。

雲州亦曰雲中郡。治今大同。唐初置。領雲中縣一。

河北道　其地東並海、南抵河、西距太行常山、北遼榆關、（今山海關）薊門（今居庸關）統州二十三。

懷州亦曰河內郡。治今河內縣。後魏置。隋唐因之。領河內等縣九。

衛州亦曰汲郡。治今汲縣。後周置、隋唐因之。領汲縣等縣五。

相州亦曰鄴郡。治今安陽縣。後魏置。隋唐因之。領安陽等縣九。

洺州亦曰廣平郡。治今永年縣。後周置、隋唐因之。領永年等縣七。

邢州亦曰鉅鹿郡。治今邢台縣。隋置、唐因之。領龍岡等縣九。

趙州亦曰趙郡。治今趙縣。北齊置。隋唐因之。領平棘等縣九。

冀州亦曰信都郡。治今冀縣。後魏置。唐因之。領信都等縣六。

恆州亦曰常山郡。治今正定縣。後周置。隋唐因之。領眞定等縣六。

定州亦曰博陵郡。治今定縣。後魏置。隋唐因之。領安喜等縣十。

易州亦曰上谷郡。治今易縣。隋置、唐因之。領易縣等縣五。

幽州亦曰范陽郡。治今京兆。後漢置、晉及唐因之。領薊縣等縣十。開元中、析置薊州亦曰漁陽郡。治今薊縣。領漁陽等縣三。

深州亦曰饒陽郡。治今深縣。隋置、唐因之。領饒陽等縣四。

瀛州亦曰河間郡。治今河間縣。後魏置。隋唐因之。領河間等縣十。景雲二年、析置鄚州亦曰文安郡。治今任邱廢莫州城。領鄚縣等縣六。

貝州亦曰清河郡。治今清河縣。後周置、隋唐因之、領清河等縣九。

魏州亦曰魏郡。治今大名縣。後周置、隋唐因之、領貴鄉等縣十。

博州亦曰博平郡。治今聊城縣。隋置、唐因之。領聊城等縣六。

德州亦曰平原郡。治今德縣。隋置、唐因之。領安德等縣八。

滄州亦曰景城郡。治今滄縣。後魏置、隋唐因之。領清池等縣十。

嬀州亦曰嬀州郡。治今懷來縣。唐初北燕州。貞觀中改。領懷戎等縣一。

檀州亦曰密雲郡。治今密雲縣。隋置。唐因之。領密雲等縣二。

營州亦曰柳城郡。治今朝陽縣。後魏置。隋唐因之。領柳城縣一。

平州亦曰北平郡。治今盧龍縣。領盧龍等縣三。

燕州亦曰歸德郡。治今順義縣。隋順州。唐初改。領遼西縣一。

山南道　其地東接荊楚。西抵隴蜀。南控大江。北距商華之山。統州三十三。

荊州亦曰江陵郡。又爲江陵府。治今江陵縣。晉置。隋唐因之。領江陵等縣八。

襄州亦曰襄陽郡。治今襄陽縣。西魏置。隋唐因之。領襄陽等縣七。

鄧州亦曰南陽郡。治今鄧縣。隋置。唐因之。領穰縣等縣六。

唐州亦曰淮安郡。治今泌陽縣。唐初置。領比陽等縣九。

隨州亦曰漢東郡。治今隨縣。西魏置。隋唐因之。領隨縣等縣三。

郢州亦曰富永郡。治今安陸縣西。魏置、隋唐因之。領長壽等縣三。

復州亦曰竟陵郡。治今沔陽縣。後周置、隋唐因之。領沔陽等縣三。

均州亦曰武當郡。治今均縣。隋置、唐因之。領武當等縣三。

房州亦曰房陵郡。治今房縣。唐初置、領房陵等縣四。

峽州亦曰夷陵郡。治今宜昌縣。後周置、隋唐因之。領夷陵等縣五。

歸州亦曰巴東郡。治今秭歸縣。唐初置、領秭歸等縣三。

夔州亦曰雲安郡。治今奉節縣。唐初置、領奉節等縣四。

萬州亦曰南浦郡。治今萬縣。唐初置、領南浦等縣三。

忠州亦曰南賓郡。治今忠縣。唐置、領臨江等縣五。

梁州亦曰漢中郡。治今南鄭縣。漢置、晉以後因之。領南鄭等縣五。

洋州亦曰洋州郡。治今洋縣。西魏置、隋唐因之。領西鄉等縣四。

金州亦曰安康郡。治今安康縣。西魏置、隋唐因之。領西城等縣六。

商州亦曰上洛郡。治今商縣。後周置、隋唐因之、領上洛等縣五。

鳳州亦曰河池郡。治今鳳縣。後周置、隋唐因之。領梁泉等縣四。

興州亦曰順政郡。治今略陽縣。西魏置、隋唐因之。領順政等縣三。

利州亦曰益昌郡。治今廣元縣。西魏置、隋唐因之。領綿谷等縣六。

閬州亦曰閬中郡。治今閬中縣。唐初、隆州先天中改。領閬中等縣九。

開州亦曰盛山郡。治今開縣。唐初置、領盛山等縣三。

果州亦曰南充郡。治今南充縣。唐置、領南充等縣六。

合州亦曰巴川郡。治今合川縣。西魏置、唐因之。領石鏡等縣六。

渝州亦曰南平郡。治今巴縣。隋置、唐因之。領巴縣等縣四。

涪州亦曰涪陵郡。治今涪陵縣。唐初置。領涪陵等縣四。

渠州亦曰鄰山郡。治今渠縣。唐初置、領流江等縣四。

蓬州亦曰咸安郡。治今儀隴縣南蓬池故城。後周置、隋唐因之。領大寅等縣六。

壁州亦曰始寧郡。治今通江縣。唐置、領諾水等縣三。

巴州亦曰清化郡。治今巴中縣。梁置、隋唐因之。領化成等縣七。

通州亦曰通川郡。治今達縣。西魏置、隋唐因之。領通川等縣七。

集州亦曰符陽郡。治今南江縣。梁置、隋唐因之。領難江等縣三。

隴右道　其地東接秦州、西踰流沙、南連蜀及吐番、北界沙漠。統州二十。

秦州亦曰天水郡。治今天水縣。晉置、唐因之。領上邽等縣五。

渭州亦曰隴西郡。治今隴西縣。後魏置、唐因之。領襄武等縣四。

成州亦曰同谷郡。治今成縣西故城。西魏置、隋唐因之。領上祿等縣三。

武州亦曰武都郡。治今武都縣北將利故城。西魏置、隋唐因之。領將利等縣三。

蘭州亦曰金城郡。治今皋蘭縣。隋置、唐因之。領五泉等縣三。

河州亦曰安鄉郡。治今導河縣。苻秦置、後魏及隋唐因之。領枹罕等縣三。

洮州亦曰臨洮郡。治今臨潭縣。後周置、隋唐因之。領臨潭一縣。

岷州亦曰和政郡。治今岷縣。西魏置、隋唐因之。領溢樂等縣四。

疊州亦曰合州郡。治今洮縣西南。後周置、隋唐因之。領合州等縣二。

宕州亦曰懷道郡。治今岷縣南。後周置、隋唐因之。領懷道等縣二。

鄯州亦曰西平郡。治今西寧縣。後魏置、隋唐因之。領湟水等縣三。

廓州亦曰甯塞郡。治今西寧縣西。後周置、隋唐因之、領廣威等縣三。

涼州亦曰武威郡。治今武威縣。曹魏置、晉以後因之。領姑臧等縣五。

甘州亦曰張掖郡。治今張掖縣西。魏置、唐因之。領張掖等縣二。

肅縣亦曰酒泉郡。治今酒泉縣。隋唐因之。唐酒泉等縣三。

瓜州亦曰晉昌郡。治今安西縣。東唐置、領晉昌等縣二。

沙州亦曰敦煌郡。治今敦煌縣唐初西沙州貞觀改領敦煌等縣二。

伊州亦曰伊吾郡。治今吐魯番唐置、領伊吾等縣二。

西州亦曰交河郡。治今哈密縣唐置、領高昌等縣五。

庭州亦曰北庭都護府。治今烏魯木齊領金滿等縣三。

淮南道　其地東臨海、西抵漢南據江、北距淮。統州十四。

揚州亦曰廣陵郡。治今江都縣隋置、唐因之領江都等縣四。

楚州亦曰淮陰郡。治今淮安縣隋置、唐因之。領山陽等縣四。

和州亦曰歷陽郡。治今和縣北齊置、隋唐因之。領歷陽等縣二。

滁州亦曰永陽郡。治今滁縣隋置、唐因之。領清流等縣二。

濠州亦曰鍾離郡。治今鳳陽縣隋豪州唐改領鍾離等縣三。

壽州亦曰壽春郡。治今壽縣、隋置、唐因之。領壽春等縣四。

廬州亦曰廬江郡。治今合肥縣、隋初、廬江州。唐改領合肥等縣四。

舒州亦曰同安郡。治今懷寧縣、唐置。領懷寧等縣五。

蘄州亦曰蘄春郡。治今蘄春縣、後周置、隋唐因之。領蘄春等縣四。

黃州亦曰齊安郡。治今黃岡縣、後周置、隋唐因之。領黃岡等縣三。

沔州亦曰漢陽郡。治今漢陽縣、隋置、唐因之。領漢陽等縣二。

安州亦曰安陸郡。治今鍾祥縣、西魏置、唐因之。領安陸等縣六。

申州亦曰義陽郡。治今信陽縣、後周置、隋唐因之。領義陽等縣三。

光州亦曰弋陽郡。治今潢川縣、梁末置、唐因之。領定城等縣五。

江南道　其地東臨海、西抵蜀、南極嶺、北帶江。統州四十二。

潤州亦曰丹陽郡。治今丹徒縣、隋置、唐因之。領丹徒等縣五。

常州亦曰晉陵郡。治今武進縣。隋置、唐因之。領武進等縣四。

蘇州亦曰吳郡。治今吳縣。隋置、唐因之。領吳縣等縣四。

湖州亦曰吳興郡。治今吳興縣。隋置、唐因之。領烏程等縣五。

杭州亦曰餘杭郡。治今杭縣。隋置、唐因之。領錢唐等縣五。

睦州亦曰新定郡。治今建德縣。隋置、唐因之。領建德等縣七。

歙州亦曰新安郡。治今歙縣。隋置、唐因之。領歙縣等縣三。

婺州亦曰東陽郡。治今金華縣。隋置、唐因之。領金華等縣五。

越州亦曰會稽郡。治今紹興縣。隋置、唐因之。領鄮縣等縣四。

台州亦曰臨海郡。治今臨海縣。唐置、領臨海等縣二。

括州亦曰縉雲郡。治今麗水縣。隋曰處州。尋改。唐因之。領括蒼等縣五。

建州亦曰建安郡。治今建甌縣。唐置。領建安等縣六。

福州亦曰長樂郡。治今閩侯唐置、領閩縣等縣八。

宣州亦曰宣城郡。治今宣城縣隋置、唐因之。領宣城等縣八。

饒州亦曰鄱陽郡。治今鄱陽縣隋置、唐因之。領上饒等縣三。

撫州亦曰臨川郡。治今臨川縣隋置、唐因之。領臨川等縣三。

虔州亦曰南康郡。治今贛縣隋置、唐因之。領贛縣等縣四。

洪州亦曰豫章郡。治今南昌縣隋置、唐因之。領豫章等四縣。

吉州亦曰廬陵郡。治今廬陵縣隋置、唐因之。領廬陵等縣四。

袁州亦曰宜春郡。治今宜春縣隋置、唐因之。領宜春等縣三。

郴州亦曰桂陽郡。治今郴縣隋置、唐因之。領郴縣等縣八。

江州亦曰潯陽郡。治今九江縣晋置、宋齊及隋唐因之。領潯陽等縣三。

鄂州亦曰江夏郡。治今江夏縣隋置、唐因之。領江夏等縣五。

岳州亦曰巴陵郡治。今巴陵縣隋置、唐因之。領巴陵等縣五。

潭州亦曰長沙郡治。今長沙縣隋置、唐因之。領長沙等縣五。

衡州亦曰衡陽郡治。今衡陽縣隋置、唐因之。領衡陽等縣五。

永州亦曰零陵郡治。今零陵縣隋置、唐因之。領零陵等縣三。

道州亦曰江華郡治。今道縣唐武德四年、置營州明年曰南營州貞觀八年、改領營道等縣三。

邵州亦曰邵陽郡治。今寶慶縣唐置、領邵陽等縣二。

朗州亦曰武陵郡治。今常德縣隋置、唐因之。領武陵等縣二。

澧州亦曰澧陽郡治。今澧縣隋置、唐因之。領澧陽等縣五。

辰州亦曰廬溪郡治。今沅陵縣隋置、唐因之。領沅陵等縣七。

巫州亦曰潭陽郡治。今黔陽縣唐置、領廬陽等縣二。

施州亦曰淸江郡。治今恩施縣。隋置、唐因之。領淸江等縣二。

思州亦曰甯夷郡。治今思南縣。唐初務州。貞觀四年改。領務川等縣三。

南州亦曰南川郡。治今南川縣。唐置、領南川等縣二。

黔州亦曰黔中郡。治今彭水縣。後周置、隋唐因之。領彭水等縣五。

費州亦曰涪川郡。治今思南縣東北。後周置、唐因之。領涪川等縣四。

夷州亦曰義泉郡。治今綏陽縣。唐置、領綏陽等縣五。

溱州亦曰溱溪郡。治今綦江縣。唐置、領營懿等縣二。

播州亦曰播川郡。治今遵義縣。貞唐朗州。後改。領播川等縣四。

珍州亦曰夜朗郡。治今正安縣西南。唐置、領營德等縣四。

劍南道　其地東連牂牁。西界吐蕃。南接羣蠻。北通劍閣。統州二十有六。

益州亦曰蜀郡。又爲成都府。治今華陽縣。漢置、晉以後因之。領成都等縣十六。

綿州亦曰巴西郡。治今綿陽縣。隋置。唐因之、領巴縣等縣九。

始州亦曰普安郡。治今劍閣縣。西魏置、唐初因之。領普安等縣七。

梓州亦曰梓潼郡。治今三台縣。隋置、唐因之。領棲縣等縣八。

遂州亦曰遂甯郡。治今遂寧縣。周置、隋唐因之。領方義等縣五。

普州亦曰安岳郡。治今安岳縣。後周置、隋唐因之。領安岳等縣六。

資州亦曰資陽郡。治今資中縣。西魏置、隋唐因之。領盤石等縣八。

簡州亦曰陽安郡。治今簡陽縣。隋置、唐因之。領陽安等縣三。

陵州亦曰仁壽郡。治今仁壽縣。西魏置、隋唐因之。領仁壽等縣四。

邛州亦曰臨邛郡。治今邛崍縣。西魏置、唐因之。領臨邛等縣七。

雅州亦曰盧山郡。治今雅安縣。隋置、唐因之。領嚴道等縣五。又大足初置黎州亦曰洪源郡。領漢原等縣三。

眉州亦曰通義郡。治今眉山縣。西魏置、隋唐因之。領通義等縣五。

嘉州亦曰犍爲郡。治今樂山縣。後周置、隋唐因之、領龍游等縣四。

榮州亦曰和義郡。治今榮縣。唐初置。領旭川等縣六。

瀘州亦曰瀘郡。治今瀘縣。梁置、隋唐因之。領瀘縣等縣六。

戎州亦曰南溪郡。治今宜賓縣。梁置、隋唐因之。領南溪等縣五。

茂州亦曰通化郡。治今茂縣。隋汶州。唐武德初、曰會州。貞觀八年、改。領文山等縣四。

維州亦曰維川郡。治今理番縣北。唐武德初、置。領薛城等縣三。

雋州亦曰越雋郡。治今西昌縣。隋置、唐因之。領越雋等縣七。

姚州亦曰雲南郡。治今姚安縣。唐置、領姚城等縣三。

龍州亦曰油江郡。治今平武縣。西魏置、隋因之。領油江等縣二。

文州亦曰陰平郡。治今文縣。西魏置、唐因之。領曲水等縣二。

扶州亦曰同昌郡。治今文縣西北。隋置、唐因之。領同昌等縣四、

松州亦曰文川郡。治今松番縣。唐初置。領嘉城等縣三、

翼州亦曰臨翼郡。治今茂縣北。唐初置。領衛山等縣四。又顯慶初、置悉州亦曰歸城郡。領左封等縣三。又天寶五年、置昭德郡亦曰翼州。領貞符等縣三。

當州亦曰江源郡。治今茂縣西北。周覃州。唐貞觀二十一年、改。領通軌等縣三、又儀鳳三年、置南和州。天授二年曰靜州亦曰靜川郡。領番唐等縣二。又開元十二年、置恭州亦曰恭化郡。領和集等縣三。永徽末、又置拓州亦曰蓬山郡。領拓縣等縣二。又開元二十八年、置奉州亦曰雲山郡。天寶八載、又曰天保郡亦曰保州。領定廉等縣二。天寶初、又置靜戎郡亦曰霸州。領信安縣一、皆在今川邊。

嶺南道　其地東南際海、西極羣蠻、北據五嶺。統州六十八。

廣州亦曰南海郡。治今番禺縣。三國吳置。後因之。領南海等縣十。

韶州亦曰始興郡。治今曲江縣。唐番州。貞觀初、改領曲江等縣四。

循州亦曰海豐郡。治今惠陽縣。隋置。唐因之。領歸善等縣五。

潮州亦曰潮陽郡。治今潮安縣。隋置、唐因之、領海陽等縣三。

連州亦曰連山郡。治今連縣。唐置、領桂陽等縣三。

端州亦曰高要郡。治今高要縣。隋置。唐因之。領高要等縣二。

康州亦曰晉康郡。治今德慶縣。唐置、領端溪等縣四。

岡州亦曰義寧郡。治今新會縣。隋置、唐因之。領新會等縣二。

恩州亦曰恩平郡。治今恩平縣。唐置、領陽江等縣三。

春州亦曰南陵郡。治今陽春縣。唐置、領陽春等縣二。

勤州亦曰銅陵郡。治今陽春縣北。唐置、領富林等縣二

新州亦曰新興郡。治今新興縣。梁置、隋唐因之。領新興等縣三。

封州亦曰臨封郡。治今封川縣。隋置、唐因之。領封川等縣二。

潘州亦曰南潘郡。治今茂名縣。唐武德四年置岩州、六年改。領茂名等縣三。

高州亦曰高涼郡。治今電白縣西。梁置、唐因之。領良德等縣三。

辨州亦曰陵水郡。治今化縣。唐武德四年置南石州、貞觀九年改。領石龍等縣四

羅州亦曰招義郡。治今化縣西北。梁置、陳及隋唐因之。領石城等縣五。

竇州亦曰懷德郡。治今信宜縣。唐武德五年置南扶州、貞觀八年改。領信義等縣四。

瀧州亦曰開陽郡。治今羅定縣東。梁置、隋唐因之。領瀧水等縣五。

雷州亦曰東康郡。治今海康縣。梁曰合州、隋因之、唐初曰南合州、貞觀初曰東合州八年、改領海康等縣三

廉州亦曰合浦郡。治今合浦縣。宋爲越州、齊梁因之。隋曰祿州、又爲合州。唐武德五年、復曰越州、貞觀八年、曰姜州、十二年改。領合浦等縣五。

欽州亦曰寧越郡。治今欽縣。隋置、唐因之。領欽江等縣五。

陸州亦曰玉山郡。治今防城縣西北。梁曰黃州、隋曰玉州。唐初因之。貞觀二年廢。上元二年復置。改領烏縣等縣三。

瓊州亦曰瓊山郡。治今定安縣。貞觀五年置、領瓊山等縣五。又開元初置萬安州、亦曰萬安郡。至德二載曰萬全郡。領萬安等縣四。

振州亦曰延德郡。治今澄邁縣。唐置、領寧遠等縣五。

崖州亦曰珠崖郡。治今瓊山縣東南。梁置、隋唐因之。領舍城等縣四。

儋州亦曰昌化郡。治今儋縣。唐置、領義倫等縣五。

桂州亦曰始安郡。治今臨桂縣。梁置、隋唐因之。領臨桂等縣十。又乾封初置嚴州、亦曰修德郡。領來賓等縣三。又開元中置瀼州、亦曰永定郡。永貞初改曰巒州。領永定等縣三。

昭州亦曰平樂郡。治今平樂縣。唐武德四年置樂川。貞觀八年改領平樂等縣三。

富州亦曰富江郡。治今昭平縣。陳置靜州。唐因之。貞觀八年、改領平樂等縣三。

賀州亦曰臨賀郡。治今賀縣。隋置、唐因之。領臨賀等縣五。

蒙州亦曰蒙山郡。治今蒙山縣。唐武德置、南蒙州。貞觀改領立山等縣三

梧州亦曰蒼梧郡。治今蒼梧縣。後漢交州治。隋封州。唐改領蒼梧等縣三。

藤州亦曰感義郡。治今藤縣。隋置、唐因之。領潭津等縣三。

義州亦曰連城郡。治今岑溪縣。唐武德置南義州。貞觀初廢。尋復置。改領岑溪等縣三。

鬱州亦曰鬱林郡。治今興業縣東北。隋置、唐因之。領石南等縣五。

平琴州亦曰平琴郡。治今鬱林縣北。唐置、領容山等縣四。

容州亦曰普甯郡。治今北流縣。唐武德置銅州。貞觀中改領北流等縣六。

白州亦曰南昌郡。治今博白縣唐武德四年、置南州。六年改領博白等縣五。

山州亦曰龍池郡。治今博白縣南。唐置、領龍池等縣二。

牢州亦曰定川郡。治今鬱林縣治唐武德四年、置義州。五年曰智州貞觀十二年改領南流等縣三。

黨州亦曰寧仁郡。治今鬱林縣東北。唐置、領善勞等縣四。

禺州亦曰溫水郡。治今陸川縣東北唐置、武德四年置岩州總章初、曰東峨州明年改領峨石等縣四。

龔州亦曰臨江郡。治今平南縣唐貞觀三年、置鷰州。七年、改領平南等縣八。

潯州亦曰潯江郡。治今桂平縣唐置、領桂平等縣三。

貴州亦曰懷澤郡。治今貴縣南。唐武德四年置南尹州貞觀九年、改領鬱平等縣八。

繡州亦曰常林郡。治今貴縣東南。唐武德四年、置林州六年改領常林等縣三。

横州亦曰寧浦郡。治今横縣隋置簡州亦曰緣州唐復曰簡州、尋曰南簡州貞觀八年、改領寧浦等縣三。

邕州亦曰朗寧郡。治今邕寧縣唐武德置南晋州貞觀改。領宣化等縣五。又開元初置田州亦曰横山郡。領都救等縣五。

賓州亦曰安城郡。治今賓陽縣唐置、領領方等縣三。

澄州亦曰賀水郡。治今上林縣唐武德置方州貞觀八年改領上林等縣四。

象州亦曰象郡。治今象縣隋置、唐因之、領武化等縣六。

柳州亦曰龍城郡。治今馬平縣唐武德置昆州亦曰南昆州貞觀中改領馬平等縣四。

融州亦曰融郡。治今融縣唐置領融水等縣三。

宜州亦曰龍水郡。治今宜山縣唐置、領龍水等縣四。

芝州亦曰忻城郡。治今宜山縣南。唐置。領忻城縣一。

籠州亦曰扶南郡。治今隆安縣。唐置、領武勒等縣七。

環州亦曰正平郡。治今思恩縣西北。唐置領正平等縣八。

瀼州亦曰臨潭郡。治今上思縣東南。唐置領臨江等縣四。

巖州亦曰安樂郡。治今來賓縣。唐置領常樂等縣四。

古州亦曰樂古郡。治今三江縣西北。唐置、領樂古等縣三。

交州亦曰安南府。治今安南河内郡。後漢置、晋以後及唐因之。領宋平等縣八。

武峨州亦曰武峨郡。治今安南應和郡之南。唐置、領武峨等縣五。

愛州亦曰九眞郡。治今安南清華府。梁置、隋唐因之。領九眞等縣七。又總章二年置

福祿州亦曰福祿郡。至德二載、改爲唐林郡。領柔遠等縣三。

長州亦曰文陽郡。治今安南河靜府。唐置領文陽等縣四。

驩州亦曰日南郡。治今安南乂安府唐武德五年、曰南德州貞觀初、改領九德等縣六。

峯州亦曰承化郡。治今安南臨洮郡陳興州隋領。改嘉寧等縣三。

湯州亦曰湯泉郡。治今安南廣德府唐置、領湯泉等縣三。

其後明皇增飾舊章、分爲十五道。

曰京畿治西京今鳳翔縣。

曰都畿治洛陽即今縣。

曰關內治京兆今長安縣。

曰河南治汴州今開封縣。

曰河東治河中今永濟縣。

曰河北治魏州今大名縣。

曰山南東治襄州今襄陽縣。

曰山南西治梁州今南鄭縣。

曰隴右治鄯州今碾伯縣。

曰淮南治揚州今江都縣。

曰江南東治蘇州今吳縣。

曰江南西治洪州今南昌縣。

曰黔中治黔州今彭水縣。

曰劍南治益州今成都縣。

（予見天下州之爲唐置者、其城郭必以寬廣、街道必以正直、廨舍之爲唐舊址者、其基址必以宏敞、宋以下所置、時彌近者、制彌陋。）

曰嶺南治廣州今番禺縣．

合天下府州凡三百二十有八、因置都督府二十四、(上四中十下十)以分統之。既而復於邊境置節度使(安西北庭河西隴右朔方河東范陽劍南嶺南)邊帥權漸重、蕃將握兵、遂成漁陽之禍。祿山雖平、而藩鎮參列、遍於內外矣。今略爲差次如左。

關內道凡九。

曰邠寧(治邠州今邠縣)曰涇原(治涇州今涇川縣)曰渭北(治坊州今中部縣)曰鳳翔(治鳳翔府今鳳翔縣)曰振武(治單于都護府)曰朔方(治夏州今鄂爾多斯右翼前旗)曰定難(治夏州)曰匡國(治同州今大荔縣)曰鎮國(治華州治今華縣)

河南道凡九。

曰宣武(治汴州今開封)曰永平(治滑州今滑縣)曰平盧(治今益都)曰泰寧(治兗州今滋陽縣)曰天平(治鄆州今鄆城縣)曰忠武(治陳州今淮陽)曰武甯(治徐州今銅山)曰彰義(治今汝南)曰陝虢(治陝州今陝縣)。

河東道凡四。

曰河陽治河陽城在今孟縣曰河中治蒲州今永濟曰昭義治潞州今長治曰河東治太原府今太原。

河北道凡五

曰魏博治魏州今大名曰成德治恒陽今正定曰幽州治今北京曰義武治定州今定縣曰橫海治滄州今滄縣

山南道凡四。

曰山南東治襄州今襄陽曰山南西治梁州今南鄭曰荊南治荊州今江陵曰夔峽治夔州今巫山。

隴右道凡四

曰隴右治秦州今天水曰河西治涼州今姑臧曰北庭見前曰安西見前

淮南道凡二。

曰淮南治揚州今江都曰奉義治安州今安陸縣。

江南道凡八。

曰鎭海初治潤州今丹徒後治杭州曰江西治洪州今南昌曰義勝治越州今紹興曰甯國治宣州今宣城

曰威武治福州今閩侯曰武昌治鄂州今江夏曰欽化治潭州今長沙曰黔中治黔中今彭水

劍南道凡二。

曰劍南東治梓州今梓潼曰劍南西治成都

嶺南道凡三。

曰嶺南治廣州曰嶺西治邕州今邕寧曰靜海治交州今安南東京

第二十一章　唐之對外。

唐之盛時、北滅突厥薛延陀西平吐谷渾高昌又東伐高麗西臣西域。聲教廣被、過於兩漢。所得各國部落、皆轄於六都護、及邊州各都督。

關內道

突厥　州十九、府五。

定襄都督府貞觀四年，析頡利部爲二。以左部置。僑治寧朔，治今橫山縣。領州四、貞觀二十三年，分諸部置州二。阿德州以阿史德部置。執失州以執失部置。蘇農州以蘇農部置。拔延州。

右隸夏州都督府治今鄂爾多斯右翼前旗地。

雲中都督府貞觀四年，析頡利右部置。僑治朔方境。今鄂爾多斯旗地。領州五。貞觀二十三年，分諸部置州三。舍利州以舍利吐利部置。阿史那州以阿史那部置。綽州以綽部置。思壁州　白登州

貞觀末，隸燕然都護。後復來屬。

桑乾都督府龍朔三年，分定襄置。僑治朔方。領州四。貞觀二十三年，分諸部置州三。郁射州以郁射施部置。初隸定襄後來屬。藝失州以多地藝失部置。卑失州以卑失部置，初隸定襄後來屬，叱略州。

呼延都督府貞觀二十年置。領州三。貞觀二十三年分諸部置州三。賀魯州以賀魯部置初隸雲中都督後來屬。葛邏州以葛邏挹怛部置。初隸雲中都督後來屬。䟷跌州初爲都督府隸北庭。後爲州來屬。

右隸單于都護府治今歸化城之南。

新黎州貞觀二十三年以車鼻可汗之子羯漫陀部置。初爲都督府後爲州。渾河州永徽元年以車鼻可汗餘衆歌邏祿之烏德鞬山左廂部落置。狼山州永徽元年，以歌邏祿右廂部落置。爲都督府。隸雲中都護。顯慶三年，爲州來屬。

堅昆都督府貞觀二十三年以沙鉢羅葉護部落置。

右隸安北都護府，治今歸化之北。

回紇　州十八、府九。貞觀二十三年，分回紇諸部落置。

燕然州以多濫葛部地置。初爲都督府　及雞鹿雞田燭龍三州。隸燕然都護。開元元年來屬。僑治回樂，今靈縣。雞鹿州以奚結部置。僑治回樂。雞田州以阿跌部置，僑治回樂。東皋蘭州以渾部置。初爲都督府並以延陀餘衆置祁連州。後罷都督，又分東西州。永徽三年皆廢。後復置東皋蘭州。僑治鳴沙今中衛縣東。燭龍州貞觀二十三年析瀚海都督以掘羅勿部置。僑治溫池今靈縣東南。燕山州僑治溫池。

右隸靈州都督府，治今靈縣。

達渾都督府以薛延陀部落置。僑治寧朔。領州五。姑衍州　步訖若州　嵠彈州永徽中，收延陀散亡部落置。　鶻州　低粟州

安化州都督府。僑治朔方

寧朔州都督府。僑治朔方

僕固州都督府。僑治朔方

右隸夏州都督府。

榆溪州以契苾部置　竇顏州以白霫部置。居延州以白霫別部置。稽落州本高闕州以解薩部置，後廢，以阿特部復置。

余吾州本玄闕州。貞觀中以骨利幹部置。龍朔中更名。浚稽州　仙蕚州初隸瀚海都護從來屬。

瀚海都督府以回紇部置。

金微都督府以僕固部置。

幽陵都督府以拔野古部置。

龜林都督府貞觀二年以同羅部落置。

堅昆都督府以結骨部置。

右隸安北都護府

羈縻州五十一、府十五。貞觀三年，酋長細封步賴內附。其後諸姓酋長，相率亦內附。皆列其地置州縣。

淸塞州　歸德州僑治銀州境今米脂縣之西。

蘭池都督府

芳池都督府

相興都督府

永平都督府

旭定都督府

清寧都督府

忠順都督府

寧保都督府

靜塞都督府

萬吉都督府

樂容州都督府領州一。東夏州

靜邊州都督府貞觀中置。初在隴右。後僑治慶州之境。慶州即今甘肅慶陽縣。領州二十五　布州　北夏州　思義州　思樂州　昌塞州　吳州天授二年置吳朝歸浮等州　朝州朝一作彭　歸州歸一作陽　浮州　祐州貞觀四年置。領縣三，鄭川歸定　皋州　西歸州　嶂州貞觀四年，置縣四。洛平潁川桂川顯平　舫州　開元州　歸順州本在山南之西。寶應元年詣梁州刺史內附。　濱州貞觀十二年以降戶置于洮州之境。並置索恭烏城二縣。開元中廢。後爲羈縻。　烏籠州　恤州嵯州貞觀五年，置縣一。相鷄。相鷄本隸西懷州。貞觀十年來屬。蓋州本西唐州。貞觀四年置。八年更名，縣四。湘水河唐曲嶺祐川悅州　迴樂州　烏掌州　諸州貞觀五年，置縣三。諸川德歸羅渭。

右隸靈州都督府

芳池州都督府僑治懷安皆野利氏種落領州九。寧靜州　種州　玉州貞觀五年，置縣二。玉山帶河濮州　林州　尹州　位州貞觀四年置縣二，位豐西便。長州　寶州

宜定州都督府。本安定後更名領州七。黨州　橋州貞觀六年置。烏州　西戎州貞觀五年以拓拔赤辭部落置。初爲都督府後爲州來屬。野利州　米州　還州

安化州都督府領州七。永和州　威州　旭州　莫州　西滄州貞觀六年置，八年更名台州後復故名。儒州本西鹽州。貞觀五年，以拓拔部置。治故後魏洪和郡之藍川縣地。八年更名。開元中廢，後爲羈縻。

右隸慶州都督府

吐谷渾　州二

寧朔州　初隸樂容都督府。代宗時來屬。

右隸夏州都督府

渾州　儀鳳中，自涼州內附者，處於金明西境置。

右隸延州都督府，治今陝西膚施縣

河北道

突厥　州二

順州義順郡　貞觀四年，平突厥以其部落置順祐長化四州都督府於幽靈之境。又置北開北寧北撫北安等四州都督府。六年，順州僑治營南之五柳戍。又分思農部置燕然縣，僑治曲陽。分思結部置懷化縣。僑治秀容隸順州。後皆省，祐化長及北開等四州廢而順州僑治幽州城中。

瑞州　本威州。貞觀十年以烏突汗達干部落置。在營州之境。咸亨中更名。後僑治良鄉之廣陽城。縣一。

來遠。

右隸營州都督府。治今熱河朝陽縣東南。後隸幽州都督府、治今北京。

奚 州九府一、

鮮州 武德五年，析饒樂都督府置。僑治潞之古城。縣一，賓從。崇州 武德五年，析饒樂都督府之可汗部落置。貞觀三年，更名北黎州，治營州之廢陽師鎮。八年復故名，後與鮮州同僑治潞之古城縣。縣一，昌黎。順化州 縣一，懷遠。歸義州歸德郡 總章中，以新羅戶置。僑治良鄉之廣陽城。縣一，歸義。後廢。開元中，信安王禕降契丹李詩部落五千帳，以其衆復置。

奉誠都督府 本饒樂都督府。唐初置。後廢。貞觀二十二年以內屬奚可度者部落更置。並以別帥五部置弱水等五州。開元二十三年更名。領州五 弱水州 以阿會部置。祁黎州 以處和部置。洛瓌州 以奧失部置。太魯州 以度稽部置。渴野州 以元俟折部置。

契丹 州十七府一。

玄州貞觀二十年以紇主曲據部落置。僑治范陽之魯泊村。縣一，靜蕃。**威州**本遼州武德二年以內稽部落置。初治燕支城，後僑治營州城中。貞觀元年，更名，後治良鄉之石窟堡縣，一威化、**昌州**貞觀二年，以松漠部落置。僑治營州之靜蕃戍。七年徙於三合鎮後治安次之故常道城，縣一。龍山。**師州**貞觀三年以契丹室韋部落置。僑治營州之廢陽師鎮。後僑治良鄉之東閭城，縣一陽師。**帶州**貞觀十年。以乙失革部落置。僑治昌平之清水店。縣一孤竹　**歸順州歸化郡**本彈汗州。貞觀二十二年，以內屬　契丹別帥析紇便部置。開元四年。更名。縣一懷柔　**沃州**載初中，析昌州置。萬歲通天元年　沒於李盡忠。開元二年。復置。後僑治薊州之南回城。縣一濱海　**信州**萬歲通天元年，以乙失活部落置。僑治范陽境，縣一黃龍　**青山州**景雲元年析玄州置。僑治范陽之水門村。縣一青山。

松漠都督府貞觀二十二年以內屬契丹窟哥部置。別帥七部分置峭落等八州、李盡忠叛後廢。開元二年復置。**領州八**　**峭落州**以達稽部置**無逢州**以獨活部置**羽陵州**以芬問部置**白連州**以突便部置**徒何州**以芮奚部置**萬丹州**以墜斤部置**疋黎州**以伏部置**赤山州**以伏部分置**歸誠州**

靺鞨　州三府三

愼州武德初，以涑沫烏素固部落置，僑治良鄉之故都鄉城。縣一，逢龍。夷賓州乾符中，以愁思嶺部落置。僑治良鄉之古廣陽城。縣一，來蘇。黎州載初二年，析愼州置。僑治良鄉之故都鄉城。縣一，新黎，

黑水州都督府。開元十四年置。

渤海都督府

安靜都督府

右初皆隸營州都督，後隸幽州都督府

降胡州一

凜州天保初置。僑治范陽境。

右隸幽州都督府

高麗降戶　州十四，府九。太宗親征得蓋牟城，置蓋州；得遼東城，置遼州；得白崖城，置巖州及師還，拔

蓋遼二州之入以歸。高宗滅高麗，置都督府九，州四十二。後所存州止十四。初，顯慶五年，平百濟，以其地置熊津、馬韓、東明、金連、德安五都督府，並置帶方州。麟德後廢。

南蘇州　蓋牟州　代那州　倉巖州

磨米州　積利州　黎山州　延津州　木底州　安市州　諸北州　識利州

拂涅州　拜漢州

新城州都督府

遼城州都督府

哥勿州都督府

衛樂都督府

舍利州都督府

居素州都督府

越喜州都督府

去旦州都督府

建安州都督府

右隸安東都督府。初治平壤後移柳城平壤今屬朝鮮柳城即營州治。

隴右道

突厥 州三、府二十七。

皋蘭州 貞觀二十二年，以阿史德特健部置。初隸燕然都護後來屬。

興昔都督府

右隸涼州都督府、治今甘肅姑臧縣。

特伽州 雞洛州 開元中，又有火拔州葛祿州後不復見。

濛池都護府 貞觀二十三年，以阿史那賀魯部落置瑤池都督府。永徽四年，廢。顯慶二年，禽賀魯分其地，置都護府二，都督府八。其役屬諸胡皆為州。

昆陵都護府

匐延都督府以處木昆部置。

嗢鹿州都督府以突騎施索葛莫賀部置。

潔山都督府以突騎施阿利施部置。

雙河都督府以攝舍提暾部置。

鷹娑都督府以鼠尼施處半部置。

鹽泊州都督府以胡祿屋闕部置。

陰山州都督府顯慶三年分葛邏祿三部置三府，以謀落部置。

大漠州都督府以葛邏祿熾俟部置。

玄池州都督府以葛邏祿踏實部置。

金附州都督府析大漠州置。

輪臺州都督府

金滿州都督府永徽五年以處月部落置爲州。隸輪台。龍朔二年爲府。

咽麪州都督府初玄池咽麪爲州，隸燕然。長安二年，爲都督府隸北庭。

鹽祿州都督府

哥係州都督府

孤舒州都督府

西鹽州都督府

東鹽州都督府

叱勒州都督府

迦瑟州都督府

馮洛州都督府

沙陀州都督府

答爛州都督府

右隸北庭都護府，治新疆今迪化縣

回紇州三府一。

蹛林州以思結別部置金水州　賀蘭州

盧山都督府以思結部置。

右初隸燕然都護府。後改隸涼州都督府。燕然都護府後改爲安北都護府，至德以後，又謂之鎮北。

黨項州七十三、府一、縣一。

馬邑州開元十七年置，在秦成二州山谷間。寶應元年。徙于成州之鹽井故城。

右隸秦州都督府、治今甘肅天水縣

保塞州

右隸臨州都督府，治今甘肅狄道縣

密恭縣高宗上元三年為吐蕃所破，因廢，後復置。

右隸洮州即今甘肅洮縣

叢州貞觀三年置縣三。寧遠臨泉臨河峉州貞觀元年，以降戶置縣二。江源落稽奉州本西仁州。貞觀元年置。八年更名。縣三。奉德思安永慈巖州本西金州。貞觀五年，置。八年更名。縣三金池甘松丹巖遠州本西懷州。貞觀四年置。八年更名。縣二，羅水小部川。麟州本西麟州。貞觀五年置。八年更名。縣七。峽川和善劍具硤源三交利恭東陵可州本西義州。貞觀四年，置。八年更名。縣三。義誠清化靜方闊州貞觀五年，置縣二。闊源落吳彭州本洪州貞觀三年置。七年更名。縣四。洪川歸遠臨津歸正直州本西集州。貞觀五年置。更名。縣二。集川新川肆州貞觀五年置。縣四。歸唐芳叢顯水曆山序州貞觀十年置。靜州咸亨三年，以內附部落置。

軌州都督府。貞觀二年，以細封步賴部置。縣四。玉城金原俄徹通川

研州　探那州　忚州　毗州

河州　斡州　瓊州　犀州

龕州　陪州　如州　麻州

霸州　磵州　光州　至涼州

曄州　思帝州　統州　縠印州

達違州　萬卑州　慈州　融洮州

執州　答針州　稅河州　吳落州

齊帝州　苗州　始目州　悉多州

質州　兆州　求易州　託州

志德州　延避州　略州　索京州

柘闌州　明桑州　白豆州　瓚州

㑹和州　和昔州　祝州　索川州

拔揭州　鼓州　飛州　索渠州

目州　寶劍州　津州　柘鍾州

紀州　徽州

右隸松州都督府，治今四川松潘縣

乾封州　歸義州　順化州　和寧州

和義州　保善州　寧定州　羅雲州

朝鳳州以上寶應元年內附　永定州永泰元年，以永定等十二州部落內附析置州十五。　宜芳州餘闕

右諸州所屬不詳。

吐谷渾州一

際門州

右隸涼州都督府

四鎮都督府、州三十四。咸亨元年吐蕃陷安西，因罷四鎮，長壽二年復置。

龜茲都督府貞觀二十年平龜茲置。領州九。闕

毗沙都督府本于闐國，貞觀二十年內附。初置州五。高宗上元二年置府析州為十。領州十。闕

焉耆都督府貞觀十八年滅焉耆置。

疏勒都督府貞觀九年，疏勒內附置。領州十五。闕

河西內屬諸胡　州十二府二。

烏壘州　和墨州　溫府州　蔚頭州

遍城州　耀建州　寅度州　豬拔州

達滿州　蒲順州　郢及滿州　乞乍州

嫣塞都督府

渠黎都督府

西域府十六、州七十二。龍朔元年，以王名遠爲吐火羅道置州縣使。自于闐以西，波斯以東凡十六國，以其王都爲都督府。以其屬部爲州縣。凡州八十八，縣百十一，軍府百二十六。

月支都督府以吐火羅葉護阿緩城置，領州二十五。藍氏州以鉢勃城置。大夏州以縛叱城置 漢樓州以俱祿犍城置 弗敵州以烏邏氈城置 沙律州以咄城置 嫣水州以羯城置 盤越州以忽婆城置 忸密州以烏羅渾城置 伽倍州以摩彥城置 粟特州以阿捺臘城置 鉢羅州以蘭城置 雙泉州以悉計密悉帝城置 杞惟州以昏磨城置 遲散州以悉密言城置 富樓州以乞施巘城置 丁零州以泥射城置 薄知州以析面城置 桃槐州以阿臘城置 大檀州以頰厥伊城具闕達官部落置 伏盧州以播薩城置 身毒州以乞澀職城置 西戎州以突厥施怛駃城置 蔑頡州以騎失帝城置 疊仗州以發部落城置 苑湯州以拔特山城置

大汗都督府以嚈噠部活路城置，領州十五 附墨州以弩那城置 奄蔡州以胡路城置 依耐州以婆

多橯薩達健城置犂州以少俱部落置榆令州以烏漠言城置安屋州以遮瑟多城置厨陵州以數始城置碣石州以迦沙紛遮城置波知州以謁澇支城置烏丹州以烏綠斯城置諾色州以速利城置迷密州以順問城置盼頓州以乍城置宿利州以頌施谷部落置賀那州以汁矐部落置。

條支都督府以訶達羅支國伏寳瑟顛城置領州九　細柳州以護聞城置虞泉州以贊候瑟顛城置犂蘄州以捧瑟部落置崦嵫州以遏忽部落置巨雀州以烏離難城置遺州以遺蘭部落置西海州以郝薩大城置鎮西州以活恨部落置乾陀州以縛狠部落置。

天馬都督府以解蘇國數瞞城置領州二。洛那州以忽論城置東離州以遂利薄紇城置。

高附都督府以骨咄施沃沙城置領州二。五翎州以葛邏揵城置休密州以烏斯城置。

修鮮都督府以罽賓國遏紇城置領州十。毗舍州以羅漫城置陰米州以賤那城置波路州以和藍城置龍池州以遺恨城置烏弋州以塞奔你羅斯城置羅羅州以濫犍城置檀特州以半製城置烏利州以勃逝城置漢州以鶻換城置懸度州以布路犍城置

寫鳳都督府以帆延國羅爛城置領州四　嶰谷州以肩䔋城置　沴淪州以俟麟城置　悉萬州以縛時伏城置　鉗敦州以未腊薩旦城置

悅般州都督府以石汗那國豔城置領雙靡州以俱蘭城置

奇沙州都督府以護時犍國遏密城置領州二。沛隸州以瀉山城置　大秦州以叡密城置

姑墨州都督府以怛沒國怛沒城置領粟弋州以弩羯城置

旅獒州都督府以烏拉喝國摩喝城置

崑墟州都督府以多勒建國低寶那城置

至拔州都督府以俱密國褚瑟城置

烏飛州都督府以護密多國摸逵城置領鉢和州以娑勒色訶城置

王庭州都督府以久越得犍國步師城置

波斯都督府以波斯國疾陵城置

右隸安西都護府治交河城今新疆吐魯番

此外尚有昭武九姓之地亦皆劃府分州收入版圖雖不見地理志而大約亦隸安西都護。

劍南道

諸羌 州百六十八。

西雅州 貞觀五年置。縣三 新城三泉石龍 蛾州 貞觀五年置。縣二。常平那川 拱州 顯慶元年以鉢南伏浪恐部置。劍州 永徽五年以大首領凍就部落置。

右隸松州都督府治今四川松潘縣。

塗州 武德元年以臨塗羌內附，置領臨塗端源婆覽三縣。貞觀元年，州廢，縣亦省。二年析茂州之端源戍，復置縣三。端源臨塗悉隣 炎州 本西封州。貞觀三年，開生羌，置。八年更名。縣三。大封慕仙義川 徹州 貞觀六年以西羌董洞貴部落置，縣三。文徹俄耳文進 向州 貞觀五年以生羌置縣二。貝左向貳 冉州 本西冉州。貞觀六年，以徼外歛才羌地置。八年更名。九年第為冉州。縣四，冉山磨山玉溪金水**穹州**本西博州，貞觀九年，以生羌置。八年，更名。縣五。小川徹當壁川當博恭耳**笮州**本西恭州，貞觀七年，以白狗羌戶置。八年，更名。縣三。蓬都亭覊比思**蓬魯州**永徽二年特浪生羌董悉奉，求辟惠生羌卜擔莫等種落萬餘戶內附。又析置州三十二。

姜州　恕州　葛州　匆州　鞮州

占州　達州　浪州　郲州　歛州

補州　頪州　那州　舉州　多州

爾州　射州　鐸州　平祭州　時州

箭州　婆州　浩州　質州　居州

可州　宕州　歸化州　奈州　竺州

卓州

右隸茂州都督府治今四川茂縣

思亮州　杜州　初漢州　字川州　渠川州
乇盧州　祐州　計州　龍施州　月亂州
浪彌州　月邊州　團州　櫃州　威川州
叉羌州

右隸嶲州都督府，治今四川西昌縣

當馬州此下二十一州天寶前置　林波州　中川州　林燒州
鉗矢州　會野州　當仁州　金林州
東嘉梁州　西嘉梁州　東石乳州　西石乳州　涉邛州
汶東州　費林州　徐渠州　彊雞州
長臂州　楊常州　羅巖州初隸黎州都督後來屬
雉州　椎梅州

此下二十六州開元後置 三井州 東鋒州 名配州
鉗恭州 斜恭州 畫重州 羅林州
龍羊州 龍逢州 敢川州 驚川州
橋梅州 作燭州 當品州 嚴城州
昌磊州 鉗并州 本重州 橋林州
三恭州 布嵐州 欠馬州 羅蓬州
論川州 讓川州 遠南州 卑廬州
蘷龍州 耀川州 金川州 鹽井州
涼川州 夏梁州 甫和州 椒查州

右隸雅州都督府、治今四川雅安縣

奉上州 此下二十二州開元前置 輒榮州 劇川州

合欽州　蓬口州　博盧州　明川州

脆駊州　蓬矢州　大渡州　米川州

木屬州　河東州　甫嵐州　昌明州

歸化州初隸巂州後來屬　象川州　叢夏州　和良州

和都州　附樹州　東川州　上貴州

此下二十八州開元十七年置　滑川州　比川州

吉川州　雨萼州　北地州　蒼榮州

野川州　邛凍州　貴林州　牒珍州

浪彌州　郎郭州　上欽州　時蓬州

儼馬州　邛川州　護邛州　腳川州

開望州　上蓬州　比蓬州　剝重州

久護州　瑤劍州　明昌州　護川州

索古州此下二州太和以前置。　諾柞州　柏坡州

右隸黎州都督府，治今四川清溪縣

諸蠻州九十二。皆無城邑。椎髻皮服。惟來集於督都府則衣冠如華人焉。

南寧州漢夜郎地。武德元年，開南中，因故同樂縣置治味。四年，置總管府。五年，僑治益州。八年，復治味。更名郎州。貞觀元年，罷都督。開元五年，復故名。天寶末。沒于蠻因廢。唐末，復置州於清溪鎮。去黔州二十九日行。縣七。味同樂升麻同起新豐隴堤泉麻。昆州本隋置。隋亂廢。武德元年，開南中，復置。土貢牛黃。縣四。益寧晉寧安寧秦臧，有滇池在晉寧。其秦臧則故臧漢地也。黎州本西寧州。武德七年。析南寧州二縣置。貞觀八年更名。北接昆州。縣二。梁水絳。匡州本南雲州。武德七年置。貞觀八年更名。漢永昌郡也。縣二。勃弄匡川。髳州本西濮州。武德四年置。貞觀十一年更名。濮越巂郡地。南接姚州。縣四。濮水青蛉岐星銅山。尹州武德四年置。北接髳州。縣五。馬邑天池鹽泉盲泉涌泉。曾州武德四年置。西接

匡州。縣五。曾三部神泉龍亭長和。鉤州本南龍州。武德七年置。貞觀十一年更名。東北接昆州縣二。望水
唐封哀州武德七年置。本羿棟地。南接姚州。縣二。揚被樂羅。宗州本西宗州。武德七年置。貞觀十一年
更名宗州。北接姚州。縣三。宗居石塔河西。微州本西利州。武德七年置。貞觀十一年更名。北接縻州。縣二。
深利十部。縻州本西豫州。武德七年置。貞觀三年更名。南接姚州。初爲督都府。督縻望𧮨羅三州。後罷都
督。縣二。磨豫七部。望州貞觀末。以諸蠻內附。與傍州同置。初隸郎州都督。後來屬。𧮨羅州　盤
州本西平州。武德四年置。貞觀八年。更名。故興古郡地。其南交州。縣三。附唐平夷盤水　麻州貞觀二十
二年析郎州置。英州　聲州　勤州　傍州貞觀二十三年。諸蠻未徙莫抵儉望二種落內附。置傍
望求丘覽五州。求州　丘州　覽州　咸州　瀘慈州　歸武州　嚴州　湯望州　武德州
奏龍州　武鎮州本武恆避穆宗名改。南唐州　連州縣六，當爲都寧遷遊羅龍加平淸坎　南州
析盈州置。縣三。播政百榮洪盧　德州析志州置。縣二。羅連萬嚴　爲州析扶德州置。縣二扶愲羅　洛州析
鏡州置。縣四。臨津賓夷會誠慈藥　移州析悅州置。縣三。移當臨河湯陵　悅州縣六。甘泉青賓臨川悅水夷鄰

胡播 鏡州縣六。夷郎賓唐溪琳琮連池臨野并 筠州縣八。鹽水筠山羅余臨居澄瀾臨崑唐川寧源 志州志一作總。縣四。浮萍鷄惟夷賓河西 盈州縣四。盈川錄蓉播陵施燕 武昌州縣七。洪武羅虹琅林夷郎來賓羅新綺婆 扶德州縣三。朱水扶德阿陰 播朗州析蠻州置。縣三，播勝從顏順化 信州 居州 炎州

馴州縣五。馴綠天池方陀羅藏播騁 騁州縣二。舟木維相 浪川州貞元十三年節度使韋皋表置。縣五。郎浪郎邃何度郎仁因閤 協州本附國。隋亂廢。武德元年，開南中復置。縣三。東安西安胡津 靖州析協州置。縣三。靖川分協 曲州本恭州。隋置。隋亂廢。武德元年，開南中復置。八年，更名。故朱提郡。北接協州。縣二。朱提唐興。朱提本安上。武德七年更名。 播陵州析盈州置。 釧州析開邊縣置。 哥靈州

濡州縣三。拱平掃宮羅谷 切騎州縣四。柳池奏祿麋託通識 品州縣三。八秤松花牧 從州縣六。從化昆池武安羅林梯山南寧 舸連州縣三。舸連羅名新戍 磯衛州縣三。靡金磯衛浯靡

右隸戎州督府治今四川宜賓縣

千州武德四年。以古滇王國民多姚姓，因置姚州都督，并置州十三。 異州 五陵州 袖州

和往州　舍利州　范鄧州　野共州　洪郎州　日南州　眉鄧州　澄備州

洛諸州

右隸姚州都督府。治今雲南姚縣

納州都寧郡儀鳳二年開山洞置縣八。羅圍播羅施陽都寧羅當羅藍都胡茂。先天二年，與薩晏鞏皆降爲羈縻。薩州黃池郡儀鳳二年招生獠置。縣二。黃池播陽　晏州羅陽郡儀鳳二年招生獠置縣七。思峨洞陰新賓扶來思晏哆岡羅陽　鞏州因忠郡儀鳳二年開山洞置縣五。哆樓都稜波婆比求播郎　奉州鳳儀二年開山洞置縣二。洞里羅蓬　淅州儀鳳二年開山洞置。縣四，淅源越賓洛川鱗山　順州載初二年置。縣五：曲水順山蠻巖來猿龍池　思峨州天授二年置。縣二。多溪洛溪　滑州久視元年置。縣四。新定滑川固城居牢　能州大定元年置。縣四。長寧來銀菊池猿山　高州縣三。洞巴移甫徒西　宋州縣四。洞龍洞支宋水盧吉　長寧州縣四。婆員波居青盧龍門　定州縣二支江扶德。

右隸瀘州都督府、治今四川瀘縣

江南道

諸蠻　州五十一。

牂州武德三年以牂牁首領謝龍羽地置。四年更名牁川。後復故名。初牂琰莊充應矩六州皆為下川。開元中降牂琰莊為羈縻。天寶三載。又降充應矩為羈縻。縣三。建安賓化新興建安本牂牁。武德二年更名新興。與州同置。琰州貞觀四年置。縣五。武侯望江應江始安東南。貞觀中，又領隆昆琰川二縣。後省。莊州本南壽州。貞觀三年，以南謝蠻首領謝彊地置。四年更名。十一年為都督府。景龍二年，罷都督。故隋牂牁郡地。南百里有桂嶺關。縣七。石牛南陽輕永多樂樂安石城新安。貞觀中，又領清蘭縣後省。充州武德三年以牂牁蠻別部置。縣七。平蠻東停韶明牂牁東陵辰水思王。應州貞觀三年以東謝首領謝元深地置。縣五。都尚婆覽應江陁隆羅恭。矩州武德四年置。明州貞觀中以西趙首領趙磨會地置。蕎州　勞州　羲州　福州　犍州　邦州　清州　峨州　蠻州縣一。巴江。獻州獻一作鼓。濡州　琳州縣三。多梅古陽多奉。鸞州　令州　那州　暉州　都州　總州咸亨三年，昆明十四姓率戶二萬內屬分置。敦州咸亨三年，析內屬昆明部置。縣六。武寧溝水古賓昆川褒燕孤襲殷州咸亨三年，析昆明部置。後廢。開元十五年分戎州復置。後又廢，貞元二年節度使韋皋奏復置。故南溪之境也　。縣五。殷川東公龍原韋川賓川初與敎州皆隸戎州都督。後來屬

候州　昇州　樊州　稜州　添州　普寧州　功州　亮州　茂龍州　延州

訓州　卿州貞觀十五年置。雙城州　整州　懸州　撫水州縣四。撫水古勞多彭京水　思源州　逸州　南平州　勳州　襲州　寶州萬歲通天二年，以昆明夷內附置。姜州　鴻州縣五。鴻思樂翁都剖新庭臨川。

右隸黔州都督府、今四川彭水縣

嶺南道

諸蠻　州九十二。

紆州縣六，東區吉陵賓安南山都邦紆賓　歸思州　思順州縣五。羅遵履博都恩吉南許水　蕃州縣三。蕃水都伊思寮　溫泉州　溫泉郡土貢金。縣二。溫泉洛富　述昆州土貢桂心。縣五。夷蒙夷水古桲臨山都隴

格州

右隸桂州都督府、治今廣西桂林縣

櫻州縣八。正平當平龍源思恩饒勉武招郁象歌良 歸順州本歸讀。元和初更名。 思剛州 侯州 歸誠州 倫州 石西州 思恩州 思同州 思明州縣一顯川、 萬形州 萬承州 上思州 談州 思琅州 波州 員州 功饒州 萬德州 左州 思誠州 鰏州 歸樂州 青州 得州 七源州

右隸邕州都督府、治今廣西邕寧州

德化州永泰二年，以林覩符部落置。縣二。德化歸義。 郎茫州永泰二年，以林覩符部落分置。縣二。郎茫古勇 龍武州大曆中，以潘歸國部落置。縣二。龍丘福字 歸化州縣四。歸朝洛都洛回落巍 郡州土貢白蠟，孔雀尾。縣二。郡口樂安。 萬泉州縣一陸水 思農州縣三。武郎武容武全 爲州縣三。都龍漢命武零 西源州縣三。羅和古林羅淡 林西州縣二。林西甘橋 思廓州縣三。都稀昆陽羅方 武寧州縣三。文爲甘郎

蘇物新安州縣三。歸化賓陽安德金廓州縣三。羅嘉文龍祿榮提上州縣三。長賓提頭朱綠甘棠州縣一忠誠武定州縣三。福祿柔遠廉林都金州縣四。溫泉嘉陵甘陽都金諒州縣二。武興古都武陸州開成三年，都護馬植表以武陸縣置。平原州開成四年析都金州之平原館置。縣三。龍石平林龍當龍州　武定州　眞州　信州　思陵州　祿州中宗時，有單樂縣。後省。南平州　西平州　門州　餘州　歸州　金隣州儀鳳元年置。晉州　羅伏州　儋陵州　樊德州　金龍州　哥富州貞元十二年置。尙思州貞元十二年置。安德州貞元十二年置。

右隸安南都護府、治今安南河內。

蜀、爨蠻　州十八貞元元年領州名逸。

右隸峯州都護府、治今安南臨洮。

唐之聲教、當其盛時、幾遍亞洲全土。即南洋羣島若闍婆（今爪哇）室利佛逝（今蘇門答剌）諸國。亦皆列於朝貢。中外互市、因而大盛、中國商船遠至波斯灣紅海故印度洋航權遂爲華商所專有。中國沿海之廣府（廣州）刺桐（泉州）明州（今寧波）皆爲世界著名商場云。

第二十二章　唐末割據及五代之亂

自黃巢等倡亂曹濮而唐室益微。割據之雄遂以紛起。

曰吳　楊氏據之。其地西至沔口南距震澤東濱海北據淮有州二十七。（參觀通鑑紀事本末卷二百十三楊行密據淮南）

曰吳越　錢氏據之。其地東南至海北距震澤皆吳越境內也。（參觀通鑑紀事本末卷二百二十、錢氏據吳越。）

曰荊南　高氏據之。其地自今江陵宜昌以至巫峽（參觀通鑑紀事本末卷二百二十三高氏據荊南）

曰楚　馬氏據之其地北距長江東包洞庭皆其境內。（參觀通鑑紀事本末卷二百二十五馬氏據湖南）。

曰閩　王氏據之。其地北接吳越。西抵南唐。即今福建全省。（參觀通鑑紀事本末卷二百二十一王氏據閩中）。

曰南漢　劉氏據之。其地居五嶺以南。即今廣東西及安南。（參觀通鑑紀事本末卷二百二十二劉氏據廣州）

曰岐　李氏據之。其地即岐隴涇原渭武乾七州。（參觀通鑑紀事本末卷二百十九李氏據鳳翔）

曰蜀　王氏據之。其地西界吐蕃南鄰南詔東據峽江北距隴坻。有州六十四。（參觀通鑑紀事本末卷二百十四王建據蜀）。

曰燕　劉氏據之其地即幽涿瀛莫營平等十三州。（參觀通鑑紀事本末卷二百二十七晉滅燕）

曰晉 李氏據之。其地有汾澮以北之地。凡十餘州。（參觀通鑑紀事本末卷二百十李克用歸唐）。

朱溫據汴遂成篡弒、僭號曰梁定都開封有州凡七十八。其地西至涇渭南逾江漢北據河東濱海、皆梁地也。（參觀通鑑紀事本末卷二百十七朱溫篡唐）。

晉發憤仇讐、既克燕孽、遂翦賊梁改晉稱唐又西幷鳳翔南收巴蜀及同光之變、兩川復失。其州一百二十三。（參觀通鑑紀事本末卷二百二十七後唐滅梁又卷二百二十八莊宗滅蜀）。

石晉興戎、契丹助虐、燕雲十八州遼淪異域。及契丹南牧、始終晉緒其未亡地、有州一百有九。（參觀通鑑紀事本末卷二百三十四石晉篡後唐）

劉氏保有晉陽遂成漢業。南入大梁有州一百有六。（參觀通鑑紀事本末卷二百三十六契丹滅晉劉智遠復汴京）

郭威守鄴。舉兵內向代漢稱周。世宗奮其雄略、震疊幷汾於是西克階成南收江北。北奠三關。（益津瓦橋淤口）有州一百十有八。（參觀通鑑紀事本末卷二百三十八郭威篡漢又卷二百三十九世宗征淮南）。

當是時矯虔攘竊者凡七君。蓋自江以南二十一州、爲南唐。

自劍以南及山南西道四十六州爲蜀。

自湖南北十州爲楚。

自浙東西十三州爲吳越。

自嶺南北四十七州爲南漢、

自太原以北十州爲北漢、

而荊歸峽三州爲南平

第二十三章　宋之疆域。

（參觀宋史卷八十五至卷九十地理志）

宋氏代周、襲朱梁之舊、定都大梁（今開封）並建四京。（西京洛陽南京應天今商丘北京大名）分天下為十五路。

京東路東至海、西抵汴南極淮泗北薄于河。統府一、州十六。軍四、監二。

開封府唐汴州後為宣武軍治。朱梁改、宋因之領開封等縣十八。又崇甯四年、析置拱州亦曰保慶軍初領襄邑等縣五、後領縣二。

宋州朱梁宣武軍治此。兼領亳輝單穎三州。亦曰宋州節度。後唐改軍曰歸德宋仍曰宋州亦曰歸德軍景德中、升為應天府領宋城等縣六。

兗州唐末為泰寧軍治。後周軍廢。宋改政和八年、升為襲慶府領瑕邱等縣十。

徐州唐末為感化軍治。朱梁復曰武寧軍。宋改。領彭城等縣五。

曹州石晉置威信軍治此。兼領單州後周曰彰信軍。宋改。亦曰興仁軍崇甯初、升為興仁府領濟陰等縣四。

青州唐平盧軍治。石晉廢軍。漢仍故。宋改亦曰鎭海軍領益都等縣六。

鄆州唐天平軍治。宋改、亦曰天平軍宣和九年、升爲東平府領須城等縣六。

密州唐置。宋因之。亦曰安化軍領諸城等縣六。

齊州唐置、宋因之、亦曰興德軍政和六年、升爲濟南府領歷城等縣六。

濟州唐置後廢。五代周復置。宋因之領鉅野等縣四。

沂州唐置、宋因之領臨沂等縣五。

登州唐置、宋因之領蓬萊等縣四。

萊州唐置、宋因之。領掖縣等縣四。

淄州唐置、宋因之。領淄川等縣四。

濮州唐置、宋因之。領鄄城等縣四。

單州唐末置。朱梁曰輝州後唐復故宋因之領單父等縣四、

淄州唐初置尋廢宋建隆三年置北海軍乾德二年升爲州領北海等縣三。

廣濟軍唐曹州之定陶鎮宋置。領定陶縣一。

淸平軍唐齊州之章邱縣宋初置領章邱縣一。

淮陽軍唐初曰邳州尋廢宋改領下邳等縣二。

宣化軍唐淄州之高苑縣宋置領高苑縣一。熙寧三年軍廢縣仍隸淄州。

萊蕪監本萊縣唐屬兗州宋置、主鐵冶。

利國監本徐州沛縣地宋置、主鐵冶。

京西路東暨汝潁西距崤函南踰漢沔北抵河津統府一州十六軍二。

河南府唐置宋因之。領河南等縣十六。

滑州唐末爲宣義軍治後唐復曰義成軍宋改亦曰武成軍領白馬等縣三。

鄭州。唐置，宋因之。亦曰奉甯軍，領管城等縣五。

汝州。唐置，宋因之。亦曰陸海軍，領梁縣等縣五。

陳州。石晉置鎮安軍於此。漢廢軍。周復置。宋改亦曰鎮安軍。宣和初，升爲淮甯府，領宛邱等縣五。

許州。唐忠武軍治。朱梁曰匡國軍，兼領陳汝二州。後唐復曰忠武。宋改亦曰忠武軍。

元豐三年，升爲穎昌府，領長社等縣七。

蔡州。唐末爲奉國軍治。宋改亦曰淮康軍，領汝陽等縣十。

穎州。唐置，宋因之。亦曰順昌軍。政和六年，升爲府，領汝陰等縣四。

孟州。唐河陽三城節度治此。宋改亦曰河陽軍，領河陽等縣六。

唐州。唐置，宋因之。領泌陽等縣五。

鄧州。朱梁置宣化軍治此。兼領唐均房三州。後唐改曰威勝軍。周曰武勝軍。宋改，亦曰武勝軍領穰縣等縣五。

襄州唐爲山南東道治石晉廢軍。漢復故宋仍曰襄州亦曰山南道節度。宣和初升爲府領襄陽等縣六。

均州唐末爲戎昭軍治宋改亦曰武當軍領武當等縣二。

房州唐置宋因之亦曰保康軍領房陵等縣二。

金州唐末爲昭信軍治前蜀曰雄武軍兼領巴渠開三州。旋廢後蜀曰威勝軍宋改亦曰昭化軍領西城等縣五。

隨州唐置宋因之亦曰崇義軍後又爲崇信軍領隨縣等縣三。

郢州唐置宋因之領長壽等縣二。

信陽軍唐曰申州宋開寶九年降爲義陽軍太平興國初改領信陽等縣二。

光化軍唐穀城縣之陰城鎮屬襄州宋置領乾德縣一。

河北路東濱海、西薄太行、南臨河北、據三關。統府一、州二十四、軍十四。

大名府唐魏州、爲天雄軍治。後唐曰興唐府、石晉曰廣晉府、後又爲天雄軍、漢改、周因之。亦曰天雄軍、宋仍爲大名府、領元城等縣十二。

鎭州唐爲成德軍治。後唐曰眞定府、尋復曰成德軍、石晉改爲恒州、又改軍曰順國軍、漢仍曰鎭州成德軍、宋因之。慶歷八年、升爲眞定府、領眞定等縣九。

瀛州唐置、宋因之、亦曰瀛海軍、大觀二年、升爲河間府。領河間等縣三。

貝州石晉置永清軍治此、兼領博冀二州。後周軍廢、宋改亦曰永清軍、慶歷八年改曰恩州、領清河等縣三。

博州唐置、宋因之、領聊城等縣四。

德州唐置、宋因之、領安德等縣二。

滄州唐末爲義昌軍治。朱梁曰順化軍、後唐復曰橫海軍、宋改亦曰橫海軍、領清池

等縣五

棣州唐置、宋因之領厭次等縣三。

深州唐置、宋因之領靜安等縣五。

洺州唐置、宋因之領永年等縣五。

邢州朱梁爲保義軍治兼領洺磁二州後唐改曰安國軍宋改宣和中、升爲信德府

領邢臺等縣八。邢臺即唐州治龍岡縣

冀州唐置、宋因之亦曰安武軍領信都等縣六。

趙州唐置、宋因之亦曰慶源軍宣和初、升爲府領平棘等縣七。

定州唐義武軍治宋改、亦曰定武軍政和三年、升爲中山府領安喜等縣七。又慶歷

二年置北平軍治北平縣。

莫州唐置、宋因之領任邱縣一。

相州朱梁置昭德軍治此兼衞澶二州後唐軍廢石晉復置彰德軍宋改亦曰彰德
軍領安陽等縣四。

懷州唐置宋因之領河內等縣三。

衞州唐置宋因之領汲縣等縣四。

澶州石晉置鎮寧軍治此兼領濮州宋改亦曰鎮寧軍崇寧五年升爲開德府領濮
陽等縣七。

磁州唐置朱梁曰惠州後唐復故宋因之政和三年改領滏陽等縣三

祁州唐置宋因之領蒲陰等縣三。

濱州五代周置宋因之領渤海等縣二。

雄州五代周置宋因之領歸信等縣二。

霸州五代周置宋因之領文安等縣二。

保州五代唐置泰州後廢。宋建隆初置保塞軍太平興國六年、升爲保州領保塞縣一。

德清軍五代晉置、宋因之治淸豐縣。

保順軍五代周置、宋因之治無棣縣。

定遠軍唐曰景州五代周改。宋因之景德初、改曰永靜軍領東光等縣三。

破虜軍五代周皆建於霸州淤口砦宋太平興國六年、改景德二年、改爲信安軍今

霸縣東五十里信安故縣是。

平戎軍唐涿州新鎭地宋太平興國六年改。景德初改曰保定軍。

靜戎軍五代周梁門口砦屬易州宋太平興國六年改。景德初、改爲安肅軍領安肅

縣。

威虜軍唐易州遂城縣宋太平興國六年改。景德初曰廣信軍領遂城縣一。

乾寧軍唐末置、屬滄州後廢宋太平興國七年、復置大觀二年、升爲淸州領乾寧縣一。

順安軍本瀛州高陽關砦後周三關之一也宋淳化二年置領高陽縣一。

寧邊軍唐定州之博野縣宋雍熙四年、置景德初曰永寧軍。領博野縣一。

天威軍本鎮州井陘縣宋置治井陘。

承天軍唐置、宋因之。後爲承天砦今眞定北百三十里。

靜安軍五代周置、宋因之在今深州東南三十里、

通利軍唐衞州黎陽縣宋端拱初置。天聖初曰、安利軍政和五年、升爲濬州亦曰濬州軍又爲平川軍領黎陽等縣二。

河東路東際常山西邈河、南距底柱北塞雁門統州十七、軍六、監二。

幷州唐太原府宋改亦曰河東節度嘉祐七年、復曰太原府領陽曲等縣十。

保州五代唐置泰州後廢宋建隆初置保塞軍太平興國六年升爲保州領保塞縣一。

德清軍五代晉置宋因之治淸豐縣。

保順軍五代周置宋因之治無棣縣

定遠軍唐曰景州五代周改。宋因之景德初改曰永靜軍領東光等縣三。

破虜軍五代周皆建於霸州淤口砦宋太平興國六年改景德二年改爲信安軍今霸縣東五十里信安故縣是。

平戎軍唐涿州新鎭地宋太平興國六年改景德初改曰保定軍。

靜戎軍五代周粱門口砦屬易州宋太平興國六年改景德初改爲安肅軍領安肅縣。

威虜軍唐易州遂城縣宋太平興國六年改景德初曰廣信軍領遂城縣一。

乾寧軍唐末置屬滄州後廢宋太平興國七年復置大觀二年升爲清州領乾寧縣一。

順安軍本瀛州高陽關砦後周三關之一也宋淳化三年置領高陽縣一。

寧邊軍唐定州之博野縣宋雍熙四年置景德初曰永寧軍領博野縣一。

天威軍本鎭州井陘縣宋置治井陘。

承天軍唐置宋因之後爲承天砦今眞定北百三十里。

靜安軍五代周置宋因之在今深州東南三十里。

通利軍唐衞州黎陽縣宋端拱初置天聖初曰安利軍政和五年升爲濬州亦曰濬州軍又爲平川軍領黎陽等縣二。

河東路東際常山西邇河南距底柱北塞雁門統州十七軍六監二。

并州唐太原府宋改亦曰河東節度嘉祐七年復曰太原府領陽曲等縣十。

代州唐末爲雁門軍治。宋改領雁門等縣四。

忻州唐置、宋因之。領秀容等縣二。

汾州唐置、宋因之。領西河等縣五。

遼州唐置、宋因之。領遼山等縣四。

澤州唐置、宋因之。領晉城等縣六。

潞州唐昭義軍治。朱梁曰匡義軍後唐曰安義軍尋復曰昭義宋改、亦曰昭德軍崇寧初、升爲隆德府領上黨等縣八。

晉州朱梁置、定昌軍治此兼領綿沁二州。後唐曰建雄軍又改建寧軍宋改亦曰建雄軍政和六年升爲平陽府領臨汾等縣十。又政和二年、置慶祚軍領趙城縣一。

絳州唐置、宋因之。領正平等縣七。

慈州唐置、宋因之。領吉鄉縣一。

隰州唐置、宋因之。領隰川等縣六。

石州唐置、宋因之。領離石等縣五。又元符二年、增置晉寧軍、領定胡等縣二。定胡廢縣、在今山西離石縣西二十里。

嵐州唐置、宋因之。領宣芳等縣三。

憲州唐置、宋因之。初仍治樓煩縣。咸平五年、改領靜樂縣一。

豐州唐置、宋因之。慶歷初、爲夏人所陷。嘉祐七年、以府州蘿泊川掌地、復建爲州。今府谷縣北甯豐廢城是也。

麟州唐置、宋因之。亦曰建寧軍。端拱初曰鎭西軍。領新秦縣一、今神木縣。

府州唐麟州地。晉王存勗始置。五代漢曰永安軍。兼領勝州及沿河諸鎭。宋仍曰府州。亦曰永安軍。崇寧初、改曰靖康軍。領府谷縣一。

平定軍唐幷州地宋置領平定等縣二。

火山軍本北漢雄勇鎮屬嵐州宋太平興國七年改置治平四年復置火山縣隸焉。

今在河曲縣。

定羌軍唐嵐州地宋淳化四年置景德初曰保德軍今保德縣。

寗化軍北漢置宋因之領寗化縣一。今靜樂縣北八十里寗化故城是。

岢嵐軍唐置五代末廢宋太平興國五年復置領嵐谷縣一。

威勝軍唐曰沁州宋太平興國三年改置領銅鞮等縣四。

永利監本晉陽縣地宋太平興國四年平河東毀晉陽城改置平晉軍尋又置永利

監治焉在太原縣東北二十里。

大通監本太原府交城縣地宋太平興國四年置交城縣屬焉寶元初縣改屬幷州

今交城西北四十里故大通監治也。

陝西路東盡殽函西包汧隴南連商洛北控蕭關統府三州二十四軍二監二。

京兆府唐末爲祐國軍治朱梁曰大安府又改軍號曰永平後唐復爲京兆府石晉曰晉昌軍漢曰永興軍宋仍改亦曰永興軍領長安等縣十三。

河中府唐末護國軍治宋改亦曰護國軍領河東等縣七又大中祥符五年置慶成軍領榮河縣一。

鳳翔府唐鳳翔軍治宋改亦曰鳳翔軍領天興等縣九天興即唐雍縣也又大觀初置淸平軍領終南縣一今盩厔縣東南有廢終南縣。

華州唐鎭國軍治朱梁曰感化軍後唐復故周廢軍宋改曰鎭國軍又爲鎭潼軍領鄭縣等縣五。

同州唐匡國軍治此朱梁曰忠武軍後唐復故周廢軍宋改亦曰定國軍領馮翊等縣六。

解州五代漢置宋因之、領解縣等縣四。

虢州唐置、宋因之。領盧氏等縣四。

陝州唐末、保義軍治此。朱梁改爲鎮國軍後唐復曰保義軍宋改亦曰保平軍領陝縣等縣七

商州唐置、宋因之。領上洛等縣五

乾州唐末置、宋因之。熙寧五年省。政和八年、復置醴州領奉天等縣五。

耀州五代初、李茂貞置、又爲義勝軍治、兼領鼎州朱梁曰崇州又改軍號曰靜勝軍後唐改曰順義軍宋改亦曰感義軍又爲感德軍領華原等縣六。

丹州唐置、宋因之領宜川等縣三。

延州唐末保塞軍治朱梁曰忠武軍後唐曰彰武軍宋改亦曰彰武軍元祐四年升爲延安府領膚施等縣七。又元豐七年、置綏德軍即唐故綏州也。崇寧四年、又

置銀州。明年、罷爲銀州城。今米脂縣西百五十里永樂城是。宋志、宋初有綏銀靈夏靜鹽宥勝會諸州。至道以後、漸沒於西夏。

鄜州唐末保大軍治。宋改、亦曰保大軍。領洛交等縣四。

坊州唐置。宋因之。領中部等縣二。

邠州唐末爲靜難軍。領新平等縣五。

寧州唐置。宋因之。亦曰興寧軍。領定安等縣三。

涇州唐末爲彰義軍治。宋改、亦曰彰化軍。領保定等縣四。

原州唐置、宋因之、領臨涇等縣二。臨涇今鎮原縣東六十里、有故城。

慶州唐置、宋因之、亦曰慶陽軍。宣和七年、升爲慶陽府。領安化等縣三。又元符三年、置定邊軍、領定邊縣一、今慶陽縣北三百里、有廢定邊城。

環州五代晉置威州。周改、又降爲通遠軍。宋淳化五年、復爲環州。領通遠縣一。

渭州唐原州地後移置於此宋因之亦曰平涼軍領平涼等縣五。又慶曆三年置德順軍領隴干縣一、今靜寧縣是、又元符二年、置西安州今固原西北二百三十里西安所是。

儀州後唐置義州宋改領華亭等縣三。熙寧五年、省入渭州。

鳳州唐末感義軍治前蜀改爲武興軍兼領興文二州後唐軍廢、後蜀爲威武軍宋改領梁泉等縣三、

階州唐置、宋因之。領福津等縣二。今階縣東六十里、有福津故城。

成州唐置宋因之寶慶中升爲同慶府領同谷等縣四。

秦州唐末爲天雄軍治前蜀因之改領階成二州後唐曰雄武軍宋改、亦曰雄武軍領成紀等縣四。又嘉祐初置天水軍領天水縣一、寄治成州境內九年始移治故天水縣在今天水西南七十里。

保安軍本唐延州永康鎮、宋改、今爲延安府保安縣。

鎮戎軍唐原州舊治也。宋至道二年置軍於此。今爲鎮原縣。又大觀二年、置懷德軍於平夏城。在今鎮原縣西八十里。

開寶監本鳳州之兩當縣、建隆二年置銀治。開寶五年、升爲監。元豐中廢。

沙苑監唐置沙苑馬監。宋因之。今同州朝邑南十七里有沙苑城。

淮南路東至海、西距漢、南瀕江、北據淮。統州十七。軍四、監二。

揚州唐淮南節度治。淮南曰江都府。南唐因之。宋改、亦曰淮南節度。領江都等縣三。又建隆初置天長軍。至道初廢。建炎初復置、尋廢。以縣屬招信軍。

楚州唐置、宋因之。領山陽等縣四。又寶慶三年、升寶應縣爲州。是年又升州治山陽縣。爲淮安軍。景定初、改曰淮安州。又咸淳九年、置淸河軍。領淸河縣一。

濠州南唐曰定遠軍。宋改、領鍾離等縣三。又寶祐五年置懷遠軍。領金山縣一。即懷

遠縣

壽州淮南曰忠正軍南唐曰淸淮軍五代周復曰忠正軍宋改、亦曰忠正軍政和六年、升爲壽春府領下蔡等縣四。乾道三年、府還治壽春亦曰安豐軍領壽春等縣四下蔡廢即今鳳台又政和八年、置六安軍領六安縣一即今六安縣也紹興十三年又置安豐軍領安豐等縣三。三十二年改領安豐縣一。乾道三年、軍廢。今壽縣南六十里廢安豐縣是。

光州唐置、宋因之、亦曰光山軍紹興二十八年、改曰蔣州領定城等縣四

黃州唐置、宋因之、領黃岡等縣三。

蘄州唐置、宋因之。領蘄春等縣五

舒州南唐曰永泰軍宋改、亦曰德慶軍又爲安慶軍慶元初、升府領懷寧等縣五。

廬州淮南曰昭順軍南唐曰保信軍後周因之。宋改亦曰保信軍領合肥等縣三又

紹興十二年置鎮巢軍領巢縣一。

和州唐置、宋因之領歷陽等縣三。

滁州唐置、宋因之。領淸流等縣三。

海州唐置、宋因之。領朐山等縣四。端平二年、嘗徙治東海縣景定二年、復置西海州於朐山宋末、有東西二海州謂此。

泗州淮南曰靜淮軍宋改領臨淮等縣五。又建炎三年、置招信軍領盱眙等縣三。又咸淳七年、置淮安軍領五河縣一。

亳州唐置、宋因之。亦曰集慶軍領譙縣等縣七。

宿州唐置、宋因之亦曰保靜軍領符離等縣四。

泰州南唐置、宋因之。領海陵等縣四。

通州五代周置、宋因之領靜海等縣二。

建安軍南唐時爲迎鑾鎭屬揚州宋乾德三年置建安軍大中祥符六年升爲眞州

領揚子等縣。

漣水軍唐初嘗置漣水尋廢宋太平興國三年改後廢置不一景定初升爲安東州

領漣水縣一。

高郵軍本揚州高郵縣宋開寶四年置軍後廢置不一建炎四年升爲承州州尋廢

仍爲高郵軍領高郵等縣二。

無爲軍本廬州城口鎭宋淯化初置軍領無爲縣一。

利豐監本通州鹽場宋置在今通州南三里。

海陵監本泰州鹽場宋置亦曰西溪鹽倉在今泰縣東北百里。

江南路東限閩流西界夏口南抵大庾北際大江統州十四軍六

昇州淮南曰建康軍又爲金陵府南唐曰江寧府宋改亦曰建康軍建炎三年升爲

建康府領上元等縣五。

太平州南唐置新和州，又曰雄遠軍，宋改爲南平軍，宋太平興國二年，升爲太平府，領當塗等縣三。

宣州唐末爲寧國軍治，宋改，亦曰寧國軍，乾道二年升爲寧國府，領宣城等縣六。

歙州唐置，宋因之，宣和三年，改爲徽州，領歙縣等縣六。

池州南唐曰康化軍，宋改，領貴池等縣六。

饒州淮南曰安化軍，南唐曰永平軍，宋改，領鄱陽等縣六。

信州唐置，宋因之，領上饒等縣六。

撫州淮南曰昭武軍，亦曰武威軍，宋改，領臨川等縣五。

江州淮南曰奉化軍，宋改，建炎初曰定江軍，領德化等縣五。德化即唐潯州治潯陽縣。

洪州唐末爲鎭南軍治南昌南唐因之後又升爲南昌府。宋改亦曰鎭南軍隆興三年、升爲隆興府領南昌等縣八。

袁州唐置、宋因之。領宜春等縣四。

筠州南唐置、宋因之寶慶初改曰瑞州領高安等縣三。

吉州唐置、宋因之。領廬陵等縣八。

虔州淮南曰百勝軍南唐曰昭信軍宋改亦曰昭信軍紹興二十二年改曰贛州領贛縣等縣十。

廣德軍唐初置桃州後廢。太平興國四年改、領廣德等縣二。

南康軍本江州星子縣太平興國七年置、領星子等縣三。

興國軍本鄂州永興縣太平興國二年置永興軍明年改領永興等縣三。

臨江軍本筠州清江縣淳化五年、置臨江軍領清江等縣三。

南安軍本虔州大庾縣、淳化初置、領大庾等縣三。

建昌軍南唐曰建武軍、宋改、領南昌等縣二。

湖南路東據衡岳、西接蠻獠、南阻五嶺、北界洞庭、統州七、監一。

潭州唐末五安軍治。後周曰武清軍、宋改、亦曰武安軍、領長沙等縣十二。

衡州唐置、宋因之。領衡陽等縣五。又紹興九年、置茶陵軍、兼領酃縣。

道州唐置、宋因之。領營道等縣四。

永州唐置、宋因之。領零陵縣等縣三。

邵州唐置、宋因之。寶慶初、升爲寶慶府、亦曰寶慶軍、領邵陽等縣二。又崇寧五年、置

武岡軍、領武岡等縣三。

郴州唐置、宋因之。領郴縣等縣四。

全州五代晉時、馬氏置、宋因之。領清湘等縣二。清湘即馬氏舊州治。

桂陽監唐末置宋因之紹興三年、升爲桂陽軍領平陽等縣二。

湖北路東盡鄂渚西控巴峽南抵洞庭北限荊山統府一、州九、軍二。

江陵府唐荊南軍治宋改、亦曰荊南節度建炎四年改爲荊南府淳熙中、復故領江陵等縣八。

鄂州唐爲武昌軍治淮南南唐因之宋改亦曰武淸軍尋復曰武昌軍領江夏等縣七。又嘉定十五年、置壽昌軍領武昌縣一

岳州唐置宋因之亦曰岳陽軍紹興二十五年、改曰純州又改軍號曰華容尋復舊領巴陵等縣四。

復州唐置、宋因之領景陵等縣三。

安州朱梁爲宣威軍治領復郢二州後唐改曰安遠軍宣和初改爲德安府領安陸等縣五。

朗州唐末爲武平軍治五代梁時馬殷奏改永順軍後唐復曰武平軍宋改亦曰常德軍大中祥符五年改爲鼎州乾道初升爲常德府領武陵等縣三

澧州唐置宋因之領澧陽等縣四

峽州唐置宋因之領夷陵等縣四

歸州唐置宋因之領秭歸等縣三

辰州唐置宋因之領沅陵等縣四

沅州本唐溆州也宋初没於蠻爲懿州熙寧七年收復仍曰沅州領盧陽等縣四

靖州熙寧九年復唐谿洞誠州元豐四年仍置誠州元祐二年廢州爲渠陽軍尋又廢爲砦屬沅州七年復置誠州崇熙二年改爲靖州領永平等縣三

漢陽軍唐曰沔州後廢五代周置宋因之領漢陽等縣二

荊門軍唐初置基州後廢五代時高氏置宋因之領長林等縣二

兩浙路東至海、南接嶺島、西控震澤。北枕大江。統州十四、軍二。

杭州唐末鎮海軍治宋改亦曰寧海軍紹興四年、升爲臨安府領錢塘等縣九。

睦州唐置宋因之亦曰遂安軍宣和初、曰建德軍三年、又改爲嚴州咸淳初、升爲建德府。領建德等縣六。

湖州唐末置忠國軍五代周時、吳越改爲甯德軍宋改亦曰昭慶軍寶慶初、又改曰安吉州領烏程等縣六。

秀州五代晉時、吳越置宋因慶元初、升爲嘉興府嘉定初、又爲嘉興軍節度領嘉興等縣四。

蘇州五代時吳越置中吳軍治此。遙領常潤二州宋改亦曰平江軍政和三年、升爲平江府領吳縣等縣六。

常州唐置、宋因之。領武進等縣四。又德祐初、置南興軍領宜興縣一。

潤州唐鎮海軍治。後移治杭州淮南復置鎮海軍於此。宋仍曰潤州亦曰鎮江軍政。

和三年、升爲鎮江府領丹徒等縣三。

越州唐末爲鎮海軍治。宋改亦曰鎮東軍紹興初、升爲紹興府領會稽等縣八。

婺州五代晉時、吳越置武勝軍宋改。領金華等縣五。

衢州唐置、宋因之。領西安等縣五。西安即唐州治西安縣。

處州唐置、宋因之。領麗水等縣六。

溫州五代晉時、吳越置靜海軍宋改政和七年、升爲應道軍節度建炎初、罷軍額咸淳

初、升爲瑞安府領永嘉等縣四。

台州唐末曰德化軍宋改、領臨海等縣五。

明州五代梁時、吳越置望海軍宋改亦曰奉國軍紹興二年升爲慶元府領鄞縣等

縣五。宋時餘杭四明通蕃互市。珠貝外國之物、頗充於中藏云。

江陰軍淮南置宋因之領江陰縣一。

順化軍吳越置衣錦軍。宋太平興國四年改領臨安縣一。五年軍廢。

福建路東南際海、西北據嶺。統州六、軍二。

福州唐末威武軍治。五代周時、吳越改曰彰武軍。宋改亦曰威武軍。德祐二年、升爲

福安府領閩縣等縣十二。

建州唐置、五代時、王延政曰鎮武軍。南唐曰永安軍、又改曰忠義軍、兼領汀建二州。

宋改亦曰建寧軍。紹興三十二年升爲府。領建安等縣七。

泉州唐置。五代晉時、南唐置淸源軍、兼領漳州。宋改亦曰平海軍、領晉江等縣七。宋

時爲中外貿易大港。

漳州唐置。南唐改曰南州。宋改領龍溪等縣四。

汀州唐置。宋因之。領長汀等縣五。

南劍州五代晉時、王延政置鐔州南唐曰劍州宋改領劍等縣五。

興化軍本泉州之游洋鎮太平興國四年、置太平軍尋改。德祐二年、又升爲興安州

領莆田等縣三。

邵武軍本建州之邵武縣太平興國四年、置領邵武等縣四。

西川路東距峽江。西控生番。南環瀘水。北阻岷山。統府一、州二十四、軍三、監一。

成都府唐西川節度治。太平興國六年、仍曰益州端拱初改、亦曰劍南度節、領成都

等縣九。

蜀州唐置宋因之。紹興十年、升崇慶軍節度。淳熙四年、升爲崇慶府。領晉源等縣四。

彭州唐末爲威戎軍治。宋改領九隴等縣四

漢州唐置宋因之。領雒縣等縣四。

綿州唐置、宋因之。領巴西等縣五。又政和七年、置石泉軍領石泉等縣三。石泉今龍

安府屬縣。

梓州、唐東川節度治。前蜀曰武德軍、宋改、亦曰靜戎軍。又爲靜安軍。尋曰劍南東川節度。重和初升爲潼川府、領郪縣等縣九。

遂州、唐末爲武信軍治。前後蜀因之、宋改、亦曰武信軍。政和五年、升爲遂寧府、領小溪等縣五。

榮州、唐置、宋因之。紹熙初、改紹熙府、領榮德等縣四。

簡州、唐置、宋因之、領陽安等縣二。

資州、唐置、宋因之、領盤石等縣四。

陵州、唐置、宋因之。熙甯五年、廢爲陵井監。宣和四年、改曰仙井監。隆興初改曰隆州領仁壽等縣二。

普州、唐曰普州、宋因之、領安岳等縣三。

果州後蜀置永寧軍於此、兼領通州、宋改。寶慶三年、升爲順慶府。領南充等縣三。

合州唐置、宋因之。領石照等縣五。石照即唐州治石鏡縣。

渠州唐置、宋因之。領流江等縣三。

昌州唐置、宋因之。領大足等縣三。

瀘州唐置、宋因之。亦曰瀘州軍。景定二年、改曰江安州。領瀘川等縣三、兼領羈縻州十八、又熙甯八年、置淯井監。政和四年、升爲長寧軍。今叙州府長寧縣也。又大觀三年、置純州。領九支等縣二。又置磁州。領承流等縣二。宣和三年、二州俱廢。今瀘縣西南境有九支承流等廢縣。

戎州唐置、宋因之。政和四年、改曰叙州。領宜賓等縣四、兼領羈縻州三十。又政和三年增置祥州。領慶符等縣二。宣和三年州廢。

眉州唐置、宋因之。領眉山等縣四。眉山即唐州治通義縣。

嘉州唐置宋因之。慶元二年、升爲嘉定府又爲嘉慶軍領龍游等縣五。

邛州唐末爲永信軍治。宋改領邛縣等縣六。

雅州後蜀置永信軍於此、兼領黎邛二州宋改領嚴道等縣五、並羈縻州四十四。

黎州唐置、宋因之。領漢源等縣二。兼領羈縻五十四。

茂州唐置、宋因之領汶川等縣二、兼領羈縻州十。熙寧十年、又置威戎軍領汶川縣一。政和七年、改曰咸寧軍宣和三年廢

維州唐置、宋因之。景德三年、改曰威州領保寧等縣二。保寧即唐治薛城縣也又兼領羈縻州保霸二州。二州本唐故州。政和四年、於保州改置祺州領春祺縣一。又於故霸州改置亨州領嘉會縣一。宣和三年、二州俱廢。又熙寧九年、置通化軍。宣和二年、改隸威州在今縣西北百七十里。

永康軍唐置鎮寧軍後蜀曰灌州宋乾德四年改爲永安軍太平興國三年、改領導

江等縣二。

懷安軍本簡州金水縣宋乾德五年、置懷安軍領金水等縣二。金水今新都縣東南七十里廢縣是也。

廣安軍唐爲渠州渠江縣宋開寶二年改咸淳三年改曰寧西軍領渠江等縣三。

富順監唐爲瀘州富義縣宋乾德四年、升爲監掌鹽利。太平興國初、改領富順縣一。熙寧初縣廢。

峽西路東接三峽、西抵陰平。南扼羣獠、北連大散。統府一、州二十、軍二、監一。

興元府唐山南西道治。前蜀改曰天義軍旋復故。宋改亦曰山南西節度領南鄭等縣四。又至道二年、置大安軍領三泉等縣一。三年軍廢。紹興三年復置。今沔縣西八十里、三泉故城是也。

洋州唐末武定軍治。後蜀曰源州。宋改亦曰武定軍。尋改曰武康軍領興道等縣三。

興州唐置、宋因之。開禧三年、改爲沔州。領順政等縣二。

利州唐末昭武軍治。前後蜀因之。宋改亦曰昭武軍、又改爲寧武軍。領綿谷等縣四。

閬州後周置保定軍治此。兼領果州。後蜀因之、領劍州。宋改亦曰安德軍。領閬中等縣七。

劍州唐置、宋因之。紹興二年、升普安軍節度。紹熙初、又升爲隆慶府。領普安等縣六。

文州唐置、宋因之。領曲水縣一。

龍州唐置、宋政和五年、改曰政州。紹興初復故。領江油等縣三。

巴州唐置、宋因之。領化成等縣五。

集州唐置、宋因之。領難江等縣三。熙寧五年、廢入巴州。

蓬州唐置、宋因之。領蓬池等縣四。

壁州唐置、宋因之。領通江等縣三。熙寧五年、廢入巴州。

渝州唐置、宋因之。崇寧初改曰恭州。淳熙初、升爲重慶府領巴縣等縣三。又熙寧八年置南平軍領南川等縣二。又大觀二年、置溱州領溱溪等縣二。宣和二年州廢。溱溪即唐故溱州治、營懿縣也。宋時南溱等州俱爲羈縻州云。

夔州前蜀爲鎮江軍治、兼領忠萬施三州。後唐改曰寧江軍。後蜀因之。宋改亦曰寧江軍領奉節等縣三。

忠州唐置、宋因之。咸淳初升爲咸淳府領臨江等縣三。

萬州唐置、宋因之。領南浦等縣二。

開州唐置、宋因之。領開江等縣二。

達州唐曰通州。宋乾德三年改。領通川等縣六。

涪州前蜀移置泰武軍於此。兼領黔州。宋改領涪陵等縣三。

施州唐置、宋因之。領清江等縣三。

黔州唐末武泰軍治此宋改亦曰武泰軍紹定初升爲紹慶府領彭水等縣二羈縻州四十九。

雲安軍本夔州府雲安縣開寶六年置軍領雲安縣一。

梁山軍本萬州屯田務開寶二年置軍領梁山縣一。

大寧監唐夔州地宋開寶六年置兼領大昌縣一大寧大昌今並屬夔州府

廣東路東南據大海西北距五嶺統州十六。

廣州唐末爲清海軍治宋改亦曰清海軍領南海等縣八。

連州唐置宋因之領桂陽等縣三

韶州唐置宋因之領曲江等縣五。

南雄州南漢置雄州宋開寶四年改領保昌等縣二。

英州南漢置宋因之慶元四年升爲英德府領湞陽等縣二。

禎州唐曰循州南漢改、宋因之天禧中改曰惠州領歸善等縣四。

循州南漢改置、宋因之。領龍川等縣三。

梅州南漢置敬州宋開寶四年改、領程鄉縣一。

潮州唐置、宋因之。領海陽等縣三。

端州唐置、宋因之。亦曰興慶軍重和初、升爲肇慶府。亦曰肇慶軍領高要等縣二。

康州唐置、宋因之紹興初、升爲德慶府又爲永康軍節度。領端溪等縣二。

新州唐曰興州宋因之。領新興縣一。

春州唐置、宋因之。領陽春縣一。熙寧六年、州廢。

恩州唐置、宋因之。慶曆八年、曰南恩州領陽江等縣二。

封州唐置、宋因之。領封川等縣二。

賀州唐置、宋因之、領臨賀等縣三。

廣西路東北距嶺，南控交阯，西撫蠻獠。統州二十六。

桂州唐末爲靜江軍治。宋改亦曰靜江軍。紹興三年，升爲靜江府。領臨桂等縣十一。

昭州唐置，宋因之。領平樂等縣四。

梧州唐置，宋因之。領蒼梧縣一。

龔州唐置，宋因之。領平南等縣三。紹興六年，廢入潯州。

藤州唐置，宋因之。領鐔津等縣二。

白州唐置，宋因之。領博白縣一。紹興六年，廢入鬱林州。

容州唐日寧遠軍。宋改亦曰寧遠軍。領普寧等縣三。

鬱林州唐置，宋因之。領南流等縣二。

潯州唐置，宋因之。領桂平縣一。

貴州唐置，宋因之。領鬱林縣一。

橫州唐置、宋因之領甯浦等縣二

邕州唐末爲嶺南西道節度治宋梁時嶺南奏設建武軍宋改亦曰建武軍。領宣化等縣二。兼領羈縻州四十四。

賓州唐置、宋因之。領領方等縣三。

象州唐置、宋因之領陽壽等縣四。

柳州唐置、宋因之領馬平等縣三。

融州唐置、宋因之亦曰淸遠軍領融水等縣二。羈縻州亦曰樂善今融縣北廢樂善砦是。又崇甯四年、開蠻地置懷遠軍尋升爲平州領懷遠縣一。今三江縣是也。又置允州領安口縣一、在今三江縣西。又置格州領樂古縣一。明年、改曰從州在今三江縣西北境。政和以後、皆廢置不一。

宜州唐置、宋因之、亦曰慶遠軍咸淳初、升爲慶遠府領龍水等縣四、兼領羈縻州、軍、監十三。又大觀初，開蠻地置庭州，領懷恩縣一。今河池縣是也。又置浮州，領歸仁縣一，在今那地縣東。又於覊縻南丹州改置觀州，四年，移州治高峰砦，今南丹縣也。縣東有高峰砦。又置溪州於思恩縣之帶溪砦，今思恩縣北有廢溪州。其後俱廢，置不一。

高州，唐置，宋因之。領電白等縣三。

化州，唐曰辨州，宋太平興國五年，改。領石龍等縣二。

雷州，唐置，宋因之。領海康縣一。

廉州，唐置，宋因之。太平興國三年，降爲太平軍。咸平初，復故。領合浦等縣二。

欽州，唐置，宋因之。領靈山等縣二。

瓊州，唐置，宋因之。領瓊山等縣四。又大觀初，置鎮州於黎母山夷峒，亦曰靜海軍，領鎮寧縣一。政和初，廢，因以瓊州爲靖海軍。

儋州唐置，宋因之。熙寧六年，降為昌化軍。紹興三年，改曰南甯軍，領宜倫等縣三。

萬安州唐置，宋因之。熙寧七年，降為軍，領萬甯等縣三。

崖州唐置，宋因之。熙甯六年，降為朱崖軍。紹興十三年，改曰吉陽軍，領甯遠等縣二。

凡府州軍監三百二十有一，縣一千一百六十二。羈縻州縣不在此列。東南皆至海，西盡巴僰，北極三關。

然契丹未靖，夏孽方張，東北常以關南高陽關南也。亦曰順安軍見上。河北路瀛州亦曰河間常山鎮州郡名曰常山棣州亦見河北路雁門代州郡名曰雁門為重鎮，西北常以鄜延鄜延二州環慶環慶二州原渭原渭二州為重鎮。熙寧以後，外患頻仍，內啟紛更，定天下為二十三路。先是天聖八年改十五路為十八路。自是分合不常。元豐六年定制為二十三路。曰京東西路，先是京東路治開封。慶曆三年，始分京東為東西兩路。西路治鄆州。政和四年，移治南京。又皇祐五年，以開封府及東京之曹州，京西之陳鄭許滑諸州，置京畿路。至和二年罷，崇甯四年復置。又以潁昌府及鄭拱三州為四輔。並屬京畿。大觀以後，改廢不一。惟開封府界自皇祐以後，皆謂之京畿路。曰京東東路，治青州先是慶歷三年分京東爲兩路，既而復合。熙寧七年，又分京東爲兩路。曰京西北路，治河南府曰京西南路，治襄州。慶歷三年分京西爲南北兩路，既而復合。熙寧五年復分爲兩路。曰河北東路，治大名府曰河北西路治真定府。慶歷八年分河北爲四路。熙寧六年定爲兩路。以高陽並入大名，以定州並入真定曰河東路治太原府曰陝西永興路治京兆府，曰陝西秦鳳路。治秦州。慶歷初，分陝西爲鄜延環慶涇原秦鳳四路。熙寧五年開邊功，增置熙河路。統熙河洮岷通遠諸州軍。又置永興路共爲六路。至是定爲兩路，以鄜延環慶並入永興，涇原熙河並入秦鳳。明年仍爲六路。惟轉運使則統於永興及秦鳳兩路云。曰淮南東路，治揚州曰淮南西路，治廬州。熙寧五年始分淮南爲兩路。曰江南東路，治昇州曰江南西路，治洪州。天聖八年，分江南爲東西路。後不復改。曰兩浙路，治杭州。熙寧七年，分兩浙爲東西路。西路治杭州。東路治越州。尋合爲一。九年復分。十年復合。曰荊湖南路，治潭州曰荊湖北路，治江陵府曰西川成都路，治成都府曰西川梓州路，治梓州。咸平四年分西川爲兩路。曰峽西利州路治興元府曰峽西夔州路治夔州亦咸平四年所分置，曰福建路，治福州曰廣南東路，治廣州曰廣南西路，治桂州。大觀初，分置黔南路。治融州。三年復並入廣西，曰廣西黔南路。明年復故。

蓋自王荊公柄用，喜言邊功、而种諤取綏州今綏德縣韓絳取銀州今橫山縣王韶取熙河今洮岷等縣地。章惇取懿洽懿州今沅陵縣洽州在沅陵西謝景溫取徽誠徽州今綏寧縣誠州即靖縣今熊本取南平南平即峽西路南平軍郭逵取廣源在今安南境內李憲取蘭州今皋蘭縣沈括取葭蘆四砦，四砦一葭，即今葭縣，一米脂今縣。一細浮圖，在今綏德縣西六十里，一安疆在今慶陽縣東北二百餘里。繼以王贍取邈州，即湟州青唐即鄯州寗塞即廓州龍支亦曰宗哥城，在今西寧縣東南八十里，王厚復湟鄯即唐鄯廓諸州也。數十年中、建州軍關城砦堡、不可勝紀。迨建燕山雲中兩路宣和四年詔以山前諸州置燕山府路統府一，曰燕山。州九，曰涿檀薊順易平營灤景。山後諸州置雲中府路，統府一曰雲中。州八曰武應朔蔚奉聖歸化儒嬀。山後諸州宋未能得其地，蓋預置雲中路以領之。而禍變旋踵矣。高宗南渡定都臨安（今杭縣）遂失中原。以漢淮爲界、而武都（今階縣）河池（即河池郡今鳳縣）興元（今南鄭縣）襄陽鄂州（今江夏）廬州楚州（今淮安）揚州遂爲重鎭。其後借蒙古之力、取得唐鄧諸州。及議復三京、橫挑強敵、禍本以成。襄（襄陽）樊（樊城）既覆、臨安因以不守。對外戰爭、比於漢唐斯爲下矣。

第二十四章　遼之疆域。附西遼西夏

（參觀遼史卷三十七至四十一地理志）

遼起臨潢（在今西喇木倫河之北、奉天開通縣之南）至太祖阿保機西兼回紇（今內外蒙古之地）滅吐谷渾（今靑海地）東並渤海（今吉林及奉天南部地）南滅奚霫（今熱河朝陽地）並有營平二州、始有城邑之居。德光乘五季之亂、復取燕雲十六州。於是與宋以白溝河爲界。（今拒馬河在易縣）其地西至金山（即阿爾泰山）迄於流沙、北至臚朐河（今克魯倫河）東至大海、延袤萬餘里。乃以征伐俘戶、建州襟要之地。即因舊居名之。加以私奴、置投下州。總京五、府六、州軍城百五十有六、部族五十有二、屬國六十。

上京道

上京臨潢府治今奉天安廣縣境。轄軍府州城二十五。統臨潢等縣十。

祖州天成軍治今突泉縣境、統長霸等縣二、城一。

懷州奉陵軍治今熱河林西縣境、統扶餘等縣二。

慶州玄寧軍治今林西縣之北、統玄德等縣三。

泰州德昌軍治今奉天農安縣之北、統樂康等縣二。

長春州韶陽軍治今奉天洮安縣統縣一長春。

烏州靜安軍治今阿魯科爾沁旗西北境、統縣一愛民、

永州永昌軍治今熱河朝陽縣境、統長甯等縣三。

儀坤州啓聖軍治今熱河圍場縣境統縣一廣義。

龍化州興國軍治今熱河綏東縣境統縣一龍化。

降聖州開國軍治今綏東縣境統縣一永安。

饒州匡義軍治今赤峯縣北烏丹城統長樂縣三。

徽州宣德軍治今熱河平泉縣境。

成州長慶軍治今熱河平泉縣境。

懿州廣順軍治今奉天章武縣。

渭州高陽軍治今奉天法庫縣。

壕州治今熱河平泉縣北境。

原州治今奉天康平縣。

福州治今奉天遼源縣。

橫州治今奉天遼源縣境。

鳳州治今奉天新民縣境。

遂州治今灤平縣境。

豐州治今赤峰縣北。

順州治今新民縣之南。

閭州治今北鎮縣。

松山州治今赤峰縣之北。

豫州治今奉天洮南西境。

寧州治今洮南境自徽州以下皆屬頭下軍州。

此外西北邊界、復有靜州（應在今布特哈一帶）鎮州（應在今嫩江沿岸）維州防州招州河董城靜邊城塔懶主城（皆在今克魯倫河岸）皆因屯戍而立、務

據形勝、不貲丁賦

東京道

東京遼陽府治今奉天遼陽縣轄州府軍城八十七統遼陽等縣九。

開州鎮國軍治今鳳城縣境、統鹽州等州三開遠縣一。

定州保寧軍治今朝鮮定州東北境、統縣一定東。

保州宣義軍治今朝鮮安州境、統州軍一、縣一、朱遠。

辰州奉國軍治今蓋平縣統縣一建安。

盧州玄德軍治今蓋平縣南境、統縣一熊岳。

來遠城在今鳳城縣境、統軍司。

鐵州建武軍治今蓋平縣東北、統縣一湯池。

興州中興軍治今鐵嶺縣之南。

湯州治今瀋陽縣西北。

崇州隆安軍治今瀋陽縣東南、統縣一崇信。

海州南海軍治今海城縣統耀州嬪州等州二、縣一、臨溟。

淥州鴨淥軍治今朝鮮平壤城之西、統桓州等州四、弘開等縣二。

顯州奉先軍治今北鎮縣之南、統嘉州等州三、奉先等縣三。

宗州治今朝鮮咸鏡道地、統縣一熊山。

乾州廣德軍治今北鎮縣西南、統海北州一、奉陵等縣四。

貴德州寧遠軍治今鐵嶺縣東南、統貴德等縣二。

瀋州昭德軍治今瀋陽縣統巖白州一、樂郊等縣二。

集州懷衆軍治今瀋陽縣之南、統奉集縣一。

廣州治今煒陽縣西南、統昌義縣一、

遼州始平軍治今新民縣統棋州一、遼濱等縣二。

遂州治今朝鮮黃海道遂安郡（疑太遠）統山河縣一。

通州安遠軍治今開原縣境、統通遠等縣四。

韓州東平軍治今奉天昌圖縣統柳河縣一。

雙州保安軍治今鐵嶺縣西北、統雙城縣一。

銀州富國軍治今奉天鐵嶺縣統延津等縣三。

同州鎮遠軍治今開原縣東南、統東平等縣二。

咸州安東軍治今鐵嶺縣之東、統咸平縣一。

信州彰聖軍治今奉天懷德縣統州三未詳武昌等縣二。

賓州懷化軍治今吉林瀋江縣境。

龍州黃龍府治今吉林農安縣統益州等州五、黃龍等縣三。

湖州興利軍治今吉林密山縣境、統長慶縣一。

渤州淸化軍治今吉林東寧縣境、統貢珍縣一、

郢州彰聖軍治今吉林饒河縣境、統延慶縣一。

銅州廣利軍治今雙城縣境、統析木縣一。

涑州治今吉林樺甸縣境、隸南兵馬司。

率賓府在今俄屬沿海州尼可拉斯克地。

定理府今奉天鐵嶺縣之南。

鐵利府今奉天瀋陽縣西南。

安定府當在今奉天北境。

長嶺府今吉林長嶺縣、

鎮海府今奉天輯安縣境、統平南縣一

冀州永安軍。

東州以渤海戶置。

尙州以渤海戶置。

吉州窟昌軍。

麓州以渤海戶置。

荊州以上六州均應在今朝鮮咸鏡平安二道境。

懿州甯昌軍治今北鎮縣之北、統甯昌等縣一。

勝州昌永軍。

籌州統新安縣一。以上二州應在今奉天東南境。

衍州安廣軍治今岫巖縣之北、統宜豐縣一。

連州德昌軍治今朝鮮平安道价川郡統安民縣一。

歸州治今蓋平縣西南，統歸勝縣一。

蘇州安復軍治今遼東半島金州地，統來蘇等縣二。

復州懷德軍治今遼東半島復州地，統永寧等縣二。

肅州信陵軍治今開原縣之北，統清安縣一。

安州

榮州

率州

荷州

源州

渤海州以上六州，應在今吉林省東境。

寧江州混同軍治今吉林烏拉街，統混同縣一。

河州德化軍治今遼陽縣境

祥州瑞聖軍治今遼陽縣東南、統懷德縣一。

中京道

中京大定府治今塔溝縣統恩州等州十、大定等縣九。

恩州懷德軍治今塔溝縣之南、統恩化縣一。

惠州惠和軍今喀喇沁右翼地、統惠和縣一。

高州治今赤峰縣境、統三韓縣一。

武安州今喀喇沁右翼地、統沃野縣一。

利州治今朝陽縣東南、統阜俗縣一。

榆州高平軍治今塔溝縣之東、統和衆等縣二。

澤州廣濟軍治今承德縣東南統神山等縣二。

北安州興化軍治今承德縣統利民縣一。

潭州廣潤軍治今塔溝縣西南、統龍山縣一。

松江州勝安軍治今建平縣統松江縣一。

成州興府軍治今朝陽縣東北、統同昌縣一。

興中府治今朝陽縣統安德等州二興中等縣四。

安德州化平軍治今奉天錦西縣統安德縣一。

黔州阜昌軍治今林西縣境、統盛吉縣一。

宜州崇義軍治今奉天義縣統弘政等縣二。

錦州臨海軍治今奉天錦縣統嚴州一、永樂等縣二。

川州長甯軍治今熱河阜新縣境、統弘理等縣三。

建州保靜軍治今奉天綏中縣境、統永霸等縣二。

來州歸德軍治今奉天興城縣境統隰州等州三來賓縣一

南京道

南京析津府治今北京統順州等州六析津等縣十一

順州歸化軍治今順義縣統懷柔縣一

檀州武威軍治今密雲縣統密雲等縣二

涿州永泰軍治今涿縣統范陽等縣四

易州高陽軍治今易縣統易縣等縣三

薊州尚武軍治今薊縣統漁陽等縣三

景州淸安軍治今遵化縣統遵化縣一

平州遼興軍治今盧龍縣統灤州等州二盧龍等縣三

營州鄰海軍治今昌黎縣統廣寧縣一

西京道

西京大同府治今山西大同縣統弘州等州二、大同等縣七。

弘州博寧軍治今直隸陽原縣統永寧等縣二。

德州治今和林格爾縣境、統宣德縣一。

豐州天德軍治今歸化城之東、統富民等縣二。

雲內州開遠軍治今歸綏屬五原縣境、統柔服等縣二。

天德軍治今薩拉齊縣境、統寧邊州一。

奉聖州武定軍治今涿鹿縣統歸化等州三、永興等縣四。

歸化州雄武軍治今宣化縣統文德縣一。

可汗州清平軍治今懷來縣統懷來縣一。

儒州縉陽軍治今延慶縣統縉山縣一。

蔚州忠順軍治今直隸蔚縣統靈仙等縣五。

應州彰國軍治今山西應縣統金城等縣三。

朔州順義軍治今山西朔縣統武州、鄯陽等縣三。

東勝州武興軍治今托城縣統榆林等縣二。

金肅州

河清軍 以上一州一軍，皆屬西南面招討司，所治當在今五原薩拉齊一帶地。

至天祚失國，大石西遷至哈屯城（即遼之河董城）以書諭回鶻王，進駐北庭都護府（今迪化縣）誓衆興復，得精兵萬餘人，遂破西域兵，號古兒汗，建牙虎思窩爾朶。今俄屬七河省阿縣山德黎亞山下。其疆域北至葉密里今塔城之南東抵和州 今土魯番所屬 哈喇卓爾 別失八里 即烏魯木齊 西至撒格納 即軍力克 八兒真 即巴斯略 氈的 即古肯特此三城皆近鹹海之濱，今俄屬錫爾達利亞省。迤而西南則自塔什干 今俄屬錫爾達利亞大城有總督駐焉。崔古撒馬兒罕皆今俄屬塞彌佛省大城撒馬兒罕即河中府布哈爾（俄之屬國）直至起兒漫（波斯之一部）又東包今天山南路諸城西域大國如波斯貨勒自彌等皆納貢稱臣。中興之業、勝於宋之高宗矣

當遼宋分爭時、而以小國撐柱其間者、爲西夏西夏爲黨項別部。自唐之末世、有夏州至宋初、李繼遷起兵地斤澤（今伊克昭盟東北部之哲馬代泊）据有夏寧綏銀宥靜靈鹽勝會甘涼肅瓜沙諸州。（州名皆見唐疆域）又增置洪（今鎮番縣西）定（即唐之定遠城）威（亦唐州）龍（今橫山縣境）韋（今寧夏之北）等州。其地東据黃河南臨蕭關（今鎮原縣北）西至鄯善北抵金山之陽（西北二界、據元秘史張參議紀行及湛然居士集）定都興慶。（今寧夏）傳國頗久。至蒙古興而始亡。

第二十五章　金之疆域。（參觀金史卷二十四至二十六地理志）

金人起自鴨綠水源，至太祖阿骨打始破遼，太宗侵宋，遂有中原。其地東極吉里迷（今黑龍江口外庫頁島）兀的改（一作胡里改今呼爾哈河）諸野人之地，北自蒲與路之北（今黑龍江呼蘭一帶地）火魯火疃（即喀喇和屯）謀克地為邊。右旋入泰州婆盧火所浚界壕，（由今布特哈斜行而南）而西經臨潢金山跨慶（今巴林旗西北）桓（今多倫諾爾西南）撫（今張北縣口外西北地）昌（今獨石縣口外地）淨（今四子部落地）州之北，出天山（此天山乃古之陰山今名大青山）外包東勝（今托城）接西夏逾黃河而西接生羌（今青海）左折而東，與宋以漢淮分界。因襲遼制，建五京，置十四總管府，是為十九路。

上京路即海古之地，金之舊土也。領會寧府一，（今阿城縣境）肇州（今扶餘縣地）隆州（今伊通縣地）信州（今長春縣地）蒲與路（今黑龍江綏化一帶地）合懶路（今延吉縣琿春縣一帶地）恤品路（今俄屬尼格拉斯克地）曷蘇館路（今復州）後徙寧州胡里改路（今呼哈爾河東岸虎林密山一帶地）烏古迪烈（今依蘭臨江縣一

帶地）

咸平路領咸平府（今奉天鐵嶺縣）郡一，縣十。

東京路領遼陽府（今遼陽縣）婆速府路（今奉天同江縣）二，刺郡四，縣十七。

北京路領大定臨潢興中廣寧（即遼顯州）府四，刺郡三，縣四十二。

西京路領大同德興（遼奉聖州）府二，刺郡八，縣四十，又部族節度八，詳穩（卡倫）九處，羣牧十二處，

皆在今內蒙古察哈爾及四子部落境。

中都路即遼之南京，海陵定都於此。號爲中都，領大興府一，刺郡九，縣四十九。

南京路初曰汴京。貞元元年，更號南京，領開封歸德河南府三，刺郡八，縣一百八。

河北東路領河間府一，刺郡五，縣三十。

河北西路領眞定中山彰德府三，刺郡五，縣六十一。

山東東路領益都濟南府二，刺郡七，縣五十三。

山東西路領東平府一，刺郡五，縣二十七。

大名府路領府一，刺郡三，縣二十。

河東北路領太原府一，刺郡九，縣三十九。

河東南路領平陽河中府二，刺郡六，縣六十九。

京兆路領京兆府一，刺郡四，縣三十六。

鳳翔路領鳳翔，平凉府二，刺郡二，縣三十三。

鄜延路領延安府一，刺郡四，縣十六，

慶原路領慶陽府一，刺郡三，縣十九。

臨洮路領臨洮府一，刺郡四，縣十五。

第二十六章　蒙古之勃興。

蒙古初爲室韋部世居斡難河源。（今敖嫩河）至也速該而始大。後爲塔塔兒部所殺。部衆奔潰。長子鐵木眞收合餘衆、國勢漸強。當其時諸部分立、各爭雄長。蒙古東鄰接於興安嶺（即今內興安嶺）爲塔塔兒部。又東爲札木合部。其北沿貝加爾湖畔、爲泰赤烏部。其南阻沙漠、接長城爲汪古部。（當今四子部落地。）其西辟靈哥河流域、（今色楞格河）爲蔑兒乞部。蔑兒乞部之南、爲克列部。蔑兒乞克列部之西按臺山麓一帶、（阿爾泰山）爲乃蠻部。其南自天山附近、及散居天山南路爲畏吾兒（即回紇）蔑兒乞部之西、貝加爾湖之西岸、爲斡亦剌惕部。乃蠻部之西、也兒的石河流域（今額爾齊斯河）爲吉利吉思部。乃蠻部之西南、伊犂河流域爲哈剌魯部。鐵木眞既興、先滅漠北諸部、復收汪古部。遂即大汗位、號成吉思汗。

成吉思汗既即位、遂伐西夏。復命者別追乃蠻酋屈出律、定西遼地。（今新疆南北路及伊犂河流域。）自將伐金、破居庸關、掠金河北遼東地而歸。逾年興師西征。（

參觀元史譯文證補及新元史太祖本紀）

蒙古西征之第一役。　兎兒年、成吉思汗以西域花剌子謨國殺掠商人、遂以東方、事委木華黎自帥大軍逾金山（即阿爾泰）會師於也兒的石水經阿里馬（今伊犂城西北）渡忽章河（今霍闡河即西玥河之上流、）命朮赤攻玉龍傑赤（即烏爾根齊）自攻尋思干（今撒馬兒罕）陷之、適西域王子扎蘭丁敗忽都忽於八魯灣。（在阿富汗都城喀布爾之北）成吉思汗乃渡暗木河（今阿母河）南逾大雪山（今印都庫士山）沿信度河（即印度河）擊敗之。者別速不台追西域主於呼羅珊（今波斯東北之一部）西域主竄死於寬田吉思海。（今裏海）者速二將復逾太和嶺（今高架索山）襲欽察大敗阿羅斯（即俄羅斯）聯軍於阿里吉河畔（此河入阿速海灣）會接成吉思汗東歸之報、乃大掠阿羅思東南部而還。此第一役西征路線也。（參觀元史譯文證補及新元史太祖本紀元史

卷一百二十一速不台傳）

蒙古西征之第二役　太宗七年、既已滅金破高麗定都和林在今賽音諾顏旗鄂爾坤河塔米爾河間。　東方無事、乃命拔都總大軍、踰按台山麓、過也爾的石河經吉利吉思荒原、今俄屬亞克摩凌州及土耳其斯坦一帶地入阿羅斯北向、陷烈野贊焚烏拉的米曆可藍拿此三城屬俄國中部，均在今舊都莫斯哥東南，惟烏拉的米在東北下莫斯科（即俄之舊都）轉西南、克乞瓦（一作基輔南俄之大城）因乞瓦降將德米多利之勸誘、分兵五路、西行掠孛烈兒（即波蘭）奪格辣高（今奧大利東北邊界）拉的波爾（屬今德國細勒西亞）大敗德意志列王海利希於瓦爾斯達（在今德國里格尼自之東十餘里）之野。越喀巴典山險（奧國北部之大山）、敗馬扎兒王於薩約河濱。拔佩斯特城今與布達合為都城馬扎兒即今匈牙利薩約河為多惱河支流推斯之分支馬扎兒王遁入亞黑海島今奧國非媽海港之南蒙古追擊西至義大利之威尼司義國東部有名之商港侵略奧大利塞

爾維亞諸城。會得太宗凶耗、乃班師。此第二役西征路線也。（參觀元史譯文證補卷五拔都補傳）

蒙古西征之第三役。先是成吉思汗西征、已平西域諸國、置達魯花赤、大軍既歸、餘燼復燃。憲宗三年、乃命旭烈兀西征。旭烈兀乃循太祖西征之路、出暗木河、至柯提（在今基華城東六十餘里）。會西域諸侯王之師、伐木剌夷（舊作木乃兮）、破所屬山寨三百餘。（皆在今裏海南阿爾魄遲山中）分兵三道、伐巴黑塔（即報答）、擒哈里發、得城三百餘、西行三千里、至天房（今阿剌伯）、降可乃莎勒壇（一作蘇丹）、渡海收富浪（今地中海居比路島）、別將亦平欣都思（即印度）之怯失迷兒。（今克什米爾）旭烈兀自將大軍西進、降叙利亞（今土耳其之一省）、得殲密昔兒（今埃及）之回教徒。會憲宗崩、乃班師。此第三次西征路線也。（參觀元史卷一百四十九郭侃傳）

當旭烈兀西征時、復命忽必烈由臨洮南攻大理、破太和城（即雲南大理府太和縣）略定吐蕃（今西藏）遣兀良哈台平西南白蠻烏蠻鬼蠻諸部（俱今雲南地）復入交阯、敗其兵於洮江。（今安南富良江）乃由交阯而北、圍宋潭州（今湖南長沙）忽必烈繼之、遂以亡宋。（參觀元史卷一百二十一兀良合台傳）

第二十七章　元代之疆域。

（參觀元史卷五十八至六十三地理志）

太祖初起於斡難河（敖嫩）凡四大斡爾朶、一在今克魯倫河西岸薩里怯兒，一在克魯倫河曲庫鐵烏阿拉勒，一在喀拉和林，一在今伊克昭盟南部薩里川。仍行國也。太宗始築和林城、世祖居漠南、始營上都宮闕。在今多倫諾爾之東北。繼而定都燕京今京城北有土城趾建國號曰大元於是就直轄地、立中書省、一行中書省十有三。並於名義上駕馭西北四汗國。中書省統河北山東山西及漠南地、領大興等路二十九、州八、謂之腹裏。今自黃河以北山東山西直隸內蒙古之東四盟與西二盟之四子部落皆屬之。
嶺北等處行中書省、初名和林等處行中書省。皇慶初改爲嶺北行省領和寧路及漠北諸屯戍。自金山以東凡外蒙古之地皆屬之。
遼陽等處行中省書、領遼陽等路七府一。今自朝鮮平壤城以北、凡關東三省、及內蒙東部之地、皆屬之。
河南江北等處行中書省、領汴梁等路十二、府七、州一。今自河南湖北及江蘇安徽江以北之地、皆屬之。
陝西行中書省、領奉元(今長安縣)等路四、府五、州二十七。今自陝西全省、及甘肅黃河以南、四川雪山以西、凡青海西藏川邊之地、皆屬之。
四川等處行中書省、領成都等路九、府三。今自四川及湖北西部之地、皆屬之。
甘肅等處行中書省、領甘州等路七、州二。今自甘肅黃河北岸諸縣、南岸靈縣及套西河拉善額濟納牧地、皆屬之。額濟納即元史之亦集乃兀剌海路闕當即今阿拉善地。

雲南行中書省、領中慶（今昆明縣）等路三十七、府二、今自四川大渡河以南、雲南全省貴州西南部、及迤西緬甸之地皆屬之。

江浙行中書省、領杭州等路三十、府一。今自江西省鄱陽湖以東、浙江福建及江蘇安徽之南部、皆屬之。

江西行中書省、領龍興（今南昌）等路十八、州九。今自江西省（除鄱陽湖東諸屬）而南、凡廣東省之地、皆屬之。（除高雷諸屬）

湖廣行中書省、領武昌等路三十、府二。今自湖北而南、凡湖南貴州（除西南部）及廣西全省、廣東之高雷與海南島皆屬之。

征東行中書省、與高麗國同治。領瀋陽等路、今自朝鮮全國及奉天之東南部皆屬之。（以上見地理志）

別失八里行中書省、領天山南路、今自迪化以東、及南部之地屬之。

阿母河行中書省、領蔥嶺以西阿母河流域、今俄屬阿母達利亞省及費爾干塞爾佛省屬之。(以上見憲宗本紀)

欽察汗國 一曰金黨汗 朮赤子孫君臨之。都於薩萊(今俄國窩爾加河畔)今東自吉利吉思荒原、西至歐洲匈牙利國境、及多惱河下流、高架索山以北之地皆屬之。

窩闊台汗國 窩闊台子孫君臨之。都於也迷里。(即今額米爾河由塔城南西流入俄屬亞拉湖)今自阿爾泰山東及其西部之地屬之。

察合台汗國 察合台之子孫君臨之。都於阿里馬 今伊犁東北阿里馬圖河畔 今自天山以北、及俄屬西弭河以外之地屬之。

伊兒汗國 旭烈兀之子孫君臨之。都於馬拉加(今波斯西北部務魯木湖東畔)

自阿母河以南、今波斯阿富汗及土耳其東部之地屬之。（以上參觀王桐齡東洋史樊炳清譯東洋史要）

第二十八章　元末割據、及明祖之光復

元代佔地既廣、統馭無方、其後四汗國以次分崩。中原之地、自劉福通傾上（今縣）一呼、四方豪傑、遂以並起。

方國珍據浙江。

張士誠據浙西。

陳友諒據湖廣。

明玉珍據兩川。

陳友定據福建。

何眞據廣東。

擴廓據山西。

李思齊張思道據關中。

劉益據遼東。

梁王段氏據雲南。

迨明祖起兵淮上先取集慶（今南京）以奠根本、西靖湖湘東兼吳越於是遣將北伐中原南清嶺表。及元帝北走、因並關隴乃平巴蜀幷取滇南定都應天漢業于焉光復。（參觀明史卷一百二十二至一百二十四）

第二十九章　明代之疆域。

（參觀明史卷四十至四十六地理志）

太祖初年、改元行省爲布政司。又於邊圉要地置行都指揮司。自遼東（今瀋陽）大寧（今塔溝縣）開平（今多倫縣）萬全（今宣化）大同以至甘肅洮州建昌（今四川西昌縣）貴州（即今貴州是時尚未立省）皆置重鎭以固邊防。成祖承之、又北逐亡元南平交阯西藩哈密東靖女眞。疆宇之廣、幾于漢唐之舊。其後遷都北京乃棄大寧棄開平移東勝宣宗復廢交阯。爲謀亦稍疎矣。計爲直隸二、爲布政司十三。

北直隸亦曰京師。初爲北平布政司永樂十八年、因定都改焉。領府八。曰順天保定河間眞定順德廣平大名永平。州二、曰隆慶（今延慶）保安。屬府州十七、屬縣一百十六。

南京亦曰南直隸。領府十四。曰應天（今江寧）鳳陽（亦爲中都）安慶廬州淮安揚州蘇州松江常州鎭江徽州寧國池州太平。州四曰廣德和州滁州徐州。屬府州十三、屬縣九十六。

山東領府六。曰濟南兗州東昌青州登州萊州。屬府州十五、屬縣八十九。又曰遼海東寧道分轄遼東諸衛所。

山西領府四。曰太原平陽大同潞安州四。曰汾州遼州沁州澤州。屬府州十六、屬縣七十七。

陝西領府八。曰西安鳳翔漢中平涼鞏昌臨洮慶陽延安屬州二十一、屬縣九十四。

河南領府八。曰開封歸德新德衛輝懷慶河南南陽汝寧。州一、曰汝州屬府州十一、屬縣九十七。

浙江領府十一。曰杭州嘉興湖州嚴州紹興寧波台州溫州金華衢州處州屬府州一、屬縣七十五。

江西領府十三。曰南昌饒州廣信南康九江建昌撫州臨江吉安瑞州袁州贛州南安屬府州一、縣七十四。

湖廣領府十五。曰武昌承天（安陸）漢陽黃州德安襄陽鄖陽荊州岳州長沙常德衡州永州寶慶辰州州二曰郴州靖州屬府十三屬縣二百有六。

四川領府八曰成都保寧順慶重慶夔州叙州龍安馬湖（幷入叙州）州六曰潼川嘉定眉州雅州邛州瀘州屬府州十四屬縣一百七而長官司四屬於馬湖府羈縻軍民府四曰鎭雄（今雲南鎭雄縣）東川（今會澤）烏撒（今貴州威寧縣）烏蒙（今雲南昭通縣）宣慰司一曰播州（今貴州遵義縣）宣撫司一曰永寧（今叙永縣）安撫司一曰黎州（今天全縣一帶）

福建領府八曰福州興化泉州延平建寧邵武汀州漳州州一曰福寧屬縣五十七。

廣東領府十曰廣州肇慶韶州南雄惠州潮州高州雷州廉州瓊州屬府州七屬縣七十四。

廣西領府七曰桂林平樂梧州潯州南寧柳州慶遠屬州十六而羈縻八又羈縻府三曰太平思明鎭安軍民府一曰思恩直隸羈縻州十羈縻屬州十八屬縣五十

羈縻縣八、長官司四。

雲南領府五。曰雲南大理臨安澂江楚雄軍民府六。曰曲靖姚安武定永昌鶴慶麗江。羈縻府十。曰尋甸廣南廣西鎮沅景東永寧順寧蒙化孟定孟艮羈縻軍民府一。曰沅江。屬州三十。羈縻直隸及屬州共十一、屬縣二十八。羈縻縣二。又有羈縻宣慰司六。宣撫司三、長官司二十四。

貴州領府八。曰程番（今貴陽）鎮遠黎平都勻思州思南銅仁石阡羈縻州直隸州四。曰安順鎮寧永寧普安。屬府州一、縣六。又有宣撫司一、曰貴州安撫司二。曰金筑（今長寨縣）凱里。（今黎平）長官司八十。

等三十章　明之對外。

明自大甯棄、東勝廢、其防守之重。專在九邊。自遼東薊州宣府（即宣化）大同榆林寧夏甘肅太原固原皆衛所環列並築邊墻以資防衛。即今所謂長城者也。然當成祖時、嘗五駕出征、以逐蒙元。永樂八年、親征蒙古餘裔、至斡難河以北、（今敖嫩河）俘獲以還。十二年北征瓦剌、追敗於土拉河。二十年、征阿魯台、獲其輜重於殺狐原（在今克魯倫河之北。）又移師征兀良哈（即烏梁海之本音）大破之於屈列河。（今淘兒河）二十一年、二十二年、復兩次北征、至答蘭納木河（今三音諾顏旗倭疊河之北、）又嘗遣太監亦失哈駕巨船征吉利迷（即金之吉里迷）及諸種野人。設奴兒干都司及建州等三衛、以統東北諸部。又遣鄭和駕海船招徠諸番。自劉家港（屬今寶山）放洋南至占城（今柬埔寨）歷爪哇蘇門答剌羣島西過翠藍嶼（今印度洋安達曼羣島）又西至榜葛剌（今孟加拉）歷錫蘭山國（今錫蘭島）柯枝古里（皆在印度半島西岸）入波斯灣至忽魯謨斯（今屬波斯）南循阿剌伯半島歷祖法兒（薩法爾）剌撒（沙哈）阿丹（阿丁）（三埠皆在今阿剌伯東南岸）南抵裴洲之竹步（周巴）木骨都束（馬克底斯）卜剌哇（巴拉瓦）諸國（此三國皆在裴洲索茅里東岸）由是南洋諸番、多來朝貢故華僑之殖業南洋亦自明時始盛。

第三十一章　清之疆域。

清起於建州右衛太祖奴兒哈赤自赫圖阿拉（即今興京縣）興師先幷建州諸部、繼據海西野人二衛（海西衛今奉天東北部野人衛今吉林以東地）兵力日強遂窺明邊明以遼瀋勢急徵發日繁而流賊以起清乘其敝遂以入關世祖定都北京以奉天爲陪京既定中原復撫喀爾喀世宗高宗兩朝頻年用兵遂破準噶爾定回疆服靑海撫綏西藏遠征廓爾喀疆域之廣遠過明代凡爲京二爲省二十二

京師順天府　因明舊制。順治元年，定都於此。仍設順天府尹十六年，省漷縣。康熙中，升遵化縣爲州。雍正初，增置寧河縣。乾隆八年，升遵化爲直隸州。以豐潤玉田二縣來屬。其後復增四路同知。凡領京縣二，州五，廳四，縣十九。

盛京 清初發祥之地。故爲留都。順治元年，裁諸衛所，設八旗駐防。十年以遼陽爲府，置遼陽海城二縣。十四年罷遼陽府。於盛京置奉天府，設府尹。康熙初設廣寧府領廣寧縣錦州寧遠州。四年罷廣寧府置錦州府移置錦縣。又於奉天府增置承德蓋平開原鐵嶺四縣。改遼陽縣爲州。雍正初於吉林烏拉置永吉州，寧古塔置泰寧縣，伯都訥置長寧縣俱屬奉天府，七年罷泰寧縣。十二年，於故復州衛地置復州，故金州衛地置寧海縣又於錦州府增置義州。乾隆初，長寧永吉皆罷。同治中，增設興京鳳凰二廳。海龍新民二府。光緒季年，復增設長白洮南二府。凡爲府七，直隸廳三，屬州廳縣共四十二。

吉林 清初設吉林將軍。分統寧古塔等副都統五。其地廣漠。並有今俄屬沿海州及庫頁島地。光緒以邊患既亟，乃分立爲省。設吉林長春二府，賓州直隸廳一，伯都訥等撫民廳五。季年復新設雙城賓州五常寧安延吉依蘭臨江密山等府九，伊通直隸州，榆樹直隸廳各一。凡爲府十一，直隸州一，直隸廳一，屬州廳縣共二十四。

黑龍江 清初設黑龍江將軍，分統墨爾根等副都統五。布特哈及呼蘭綏化兩直隸廳。據尼布楚條約幷跨有黑龍江北岸大興安以南之地，其後因愛琿條約，舉江北及吉林烏蘇里江東盡失之。光緒中乃改設黑水大賚海倫三直隸廳並呼蘭綏化爲府。末年復增設黑江嫩江黑河臚賓呼倫五府。訥河肇州安達愛琿蘿北五廳。凡爲府八，爲廳四，爲州縣九。又有西布特哈龍門鎮昌五城吉拉林設治局四，未及布施而亡。

直隸 因明舊制。順治元年，以保定爲省治。康熙中，改宣化鎮爲府。雍正元年，改眞定府爲正定。二年，升正定屬之冀深趙定晉五州，並天津衛俱爲直隸州。七年，升河間府屬之滄州爲直隸州。復升天津爲府。以滄州屬之。十一年，置承德州。十二年，升保定府屬之易州爲直隸州。以晉州還屬正定。乾隆七年罷承德州置熱河廳。八年升順天府屬之遵化爲直隸州。復升熱河廳爲承德府。置張家口獨石口多倫諾爾三廳。光緒中，升承德屬之朝陽爲府。凡爲府十。直隸州六，廳三，州縣一百十四。

山東 因明舊制。雍正二年升濟南府屬之泰安武定濱三州，兗州府之沂曹濟寧三州，俱爲直隸州。八年以濟寧還屬兗州府。又升兗州府東平州東昌府之高唐濮州青州府之莒州爲直隸州。十二年升沂州武定州爲府，以濱州改屬武定府，以莒州改屬沂州府，仍以高唐屬東昌府。十三年升泰安曹州爲府，以東平州改屬泰安府，以濮改屬曹州府，乾隆三十九年，升兗州府屬之濟寧州，東昌府之臨清州俱爲直隸州，光緒中，升膠州爲直隸州，凡爲府十。直隸州三，散州縣一百八。

山西 因明舊制。雍正二年，升太原府屬之平定忻代保德四州，平陽府屬之蒲解絳吉隰五州俱爲直隸州。三年增置朔平寧武二府，六年，升蒲澤二州爲府。乾隆中以吉州所領縣還屬平陽。又升平陽屬之，霍州爲直隸州。繼復增設口外歸化托克托清水河薩拉齊五原寧遠和林格爾陶林武川興和十廳。光緒中增設東勝一廳。凡爲府七，直隸州九，直隸廳十一，散州縣八十五。

河南 因明舊制，雍正二年，升開封府之陳許鄭禹四州，及汝南府之陝州，汝寧府之光州並爲直隸州。十二年升陳許二州爲府。降鄭州禹州爲屬州。乾隆六年，改許州府爲直隸州。嘉慶中，升淅川爲直隸廳。凡爲府九，直隸州五，廳一，散州縣一百一。

江蘇 明屬南直隸。順治改應天府爲江寧府。康熙六年，割下江地，分立江蘇省。雍正三年，升蘇州之太倉州揚州之通州，淮安之海邳二州，俱爲直隸州。十一年升徐州爲府。以邳州屬之。乾隆初，升海門縣爲直隸廳。光緒中分寧藩司所屬爲江淮省，旋復廢之。凡爲府八，直隸州三，直隸廳一，散州縣六十二。

安徽 明屬南直隸。康熙六年，以上江地分爲安徽。雍正二年，升鳳陽之潁亳泗三州，廬州府之六安州，並爲直隸州。十三年升潁州爲府。仍改亳州爲屬州。凡爲府八，直隸州五，散州縣五十四。

江西 因明舊制。乾隆二十年，升贛州府屬之寧都州爲直隸州。凡爲府十三，直隸州一。散州廳縣七十九。

浙江 因明舊制。道光中，升寧波府屬之定海爲直隸廳。凡爲府十一，直隸廳散州廳縣七十八。

福建 因明舊制。康熙二十四年，置台灣府。雍正十三年，升福寧州爲府。升泉州府之永春縣漳州府之龍巖縣爲直隸州。光緒初分台灣爲省。後割讓日本。仍爲府九，直隸州二，縣立五十八。

湖北 明屬湖廣。順治改承天府爲安陸府。康熙六年，分洞庭湖北之地爲湖北省。雍正六年升荊州府屬之歸州爲直隸州。十三年升夷陵州爲宜昌府。又升歸州之施恩縣爲施南府。降歸州爲屬州。光緒中，升鶴峯爲直隸州。以漢鎮爲夏口廳。凡爲府十，直隸州二，廳一，散州廳縣六十九。

湖南 明屬湖廣。康熙六年，分湖南湖北兩省。此爲湖南省。雍正七年，改永順土司爲永順府。升桂陽澧州並爲直隸州。升沅州爲府。復置靖州直隸州。永綏乾州鳳凰晃州四直隸州。光緒增置南州直隸廳。凡爲府九，直隸廳五，直隸州四，散州縣六十七。

陝西

明合甘肅爲陝西。康熙二年始分立。雍正二年，升西安府屬之耀州爲直隸州。三年升西安府屬同華商乾邠五州，延安府屬鄜葭綏德三州俱爲直隸州。八年以榆林衛爲府。十三年升同州爲府。降華州屬之。降耀州還屬西安。乾隆元年降葭州屬榆林。四十八年。升興安州爲府。凡直隸廳二，散州廳縣八十四。

甘肅

明屬陝西。康熙二年分省。雍正二年，以明衛所改置寧夏西寧甘州涼州四府。升平涼府屬之涇州爲直隸州。七年升鞏昌府屬之階秦二州，並改肅州衛俱爲直隸州。乾隆三年裁臨洮府，改蘭州爲府。定爲省治。二十五年，改安西靖逆二廳置西安府。三十八年增設鎮西府改安西府爲直隸州。又增設迪化直隸州。光緒初增設化平川直隸廳。鎮西迪化割歸新疆。凡爲府八，直隸廳一，直隸州六，散州廳縣六十六。

四川

因明舊制。康熙四年，改烏撒府隸貴州。雍正四年，改東川隸雲南。五年復以烏蒙鎮雄二府改隸雲南。併馬湖府入敘州府。又以建昌衛改置寧遠府，又升成都府屬之茂綿二州，並資縣爲直隸州。六年，升夔州屬之遂州爲直隸州。七年，以遵義府改屬貴州，又升雅州爲府。八年增置叙永直隸州。十二年升潼川嘉定二州爲府。又升重慶屬之忠州爲直隸州。乾隆元年，改黔彭廳置酉陽州。乾隆十七年，置雜谷直隸廳。二十五年，置松潘理番二直隸廳。二十七年，置石砫直隸廳。四十一年，定金川置阿爾古美諾之廳光緒中收三瞻土司地置康定巴安昌都登科四府。德化甘孜二州。凡爲府十六，直隸州八，直隸廳四，散州廳縣一百六十二。

雲南　因明舊制。順治十六年，改廣南土府爲正府。康熙六年置開化府。八年降尋甸府爲州，屬曲靖府。三十七年升北勝州爲永北府。以永寧土府屬之。雍正二年，改威遠土州爲直隸廳。四年改四川之東川軍民府來屬。五年又改四川之烏蒙鎭雄兩軍民府來屬。六年升鎭雄爲州，屬烏蒙府。七年，置普洱府。改麗江土府爲正府。九年，改烏蒙爲昭通府。乾隆三十年，武定曲靖東川沅江永昌等俱罷，稱軍民府。三十五年，省姚安入楚雄府，省鶴慶入麗江府。改廣西武定沅江鎭沅四府爲直隸州。改蒙化永北二府爲直隸廳。光緒中，增設龍陵騰越二直隸廳。凡爲府十四，直隸廳五，直隸州三，散州廳縣七十二。

貴州　因明舊制。康熙三年，改宣慰司之水西城置黔西府。以比喇懈置平遠府，以大方城置大定府，又改四川之烏撒軍民府爲威遠府來屬。二十六年，改黔西平遠二府爲州，屬於大定府。二十六年，又改大定府爲州，與黔西平遠二州，俱屬威寧府。雍正五年增設南籠府。七年改四川之遵義府來屬。復升大定州爲府。降威寧府爲州以屬之。乾隆三十七年，升遵義府屬之仁懷廳爲直隸廳。嘉慶中，增設松桃普安二直廳

凡爲府十三，直隸廳三，直隸州一，散廳州縣五十七。

廣東　因明舊制。雍正七年，升連州爲直隸州。升連山縣爲直隸廳。十一年升程鄉縣爲嘉應直隸州。同治六年析置赤溪佛岡陽江三直隸州。光緒中升瓊州府屬之崖州爲直隸州。凡爲府九。直隸州五，直隸廳四，散州廳縣八十八。

廣西　因明舊制。順治初降歸順思州思陵向武都康龍州爲屬州。十五年升泗城州爲軍民土府。雍正三年，升鬱林州賓州爲直隸州。五年改泗城土府爲正府。九年降思明府爲府。十二年升泗城府屬之西隆州爲直隸州。降賓州爲屬州。七年，以西隆州還屬泗城府。嘉慶中，增設百色上思二直隸廳。光緒改龍州還祥爲廳

。凡爲府十一，直隸廳二，散州廳縣六十五。

新疆　漢唐皆爲西域地。明代爲準部回部。清乾隆間、平定之。設伊犂將軍及副都統等官。名義上屬於甘肅。謂之甘肅新疆。同治中回民叛亂。光緒初復平定。因改行省。凡爲府六，直隸廳八，直隸州二，散州廳縣二十四。

清之盛時、內外蒙古青海西藏俱列藩封朝鮮安南琉球緬甸及葱嶺以西布魯特哈薩克諸回部皆朝貢以時羈縻不絕。雍正中勘定西南夷、改土歸流復闢地數千方里。及道光以後、西人東來情勢日絀、遂致安南既失、緬甸繼之光緒中以朝鮮之故並失台澎西北兩方、迭次失地。至數萬方里清既不知自強於是革命軍興、而清帝遜位矣。

第三十二章　民國疆域

此稿成於民國六七年間。省區縣邑時有增改。今依民國二十二年地學雜誌第一期蘇曉漪所著民國十七年以後省縣之增設及改革與同年同誌第二期葛啟揚著之民十七年以來中國縣名更置表將此章略爲修訂，以便學者。（二十三年三月一日星渠誌）

民國成立。襲清世固有之疆土。政治區畫無所更變。惟十七年前京兆及沿邊之地定爲特別區域。及府州縣之同名者更改之而已。十七年後國民政府成立沿邊特別區皆改爲省北平南京上海漢口青島皆改爲市直隸於行政院。茲特就新改之縣表列之。

河北省（原係直隸省及京兆特別區。）轄縣一百三十。改名之縣二。新置之縣一。

安次	東安	三年一月改
涿縣	涿州	二年二月改
通縣	通州	二年二月改
薊縣	薊州	二年二月改
昌平縣	昌平州	二年二月改
霸縣	霸州	二年二月改

新鎮縣	保定縣	三年一月改	
天津縣	天津縣	二年二月改	本天津府首縣遵令裁府留縣
滄縣	滄州	二年二月改	
河間縣	河間縣	二年二月改	本河間府首縣遵令裁府留縣
景縣	景州	二年二月改	
盧龍縣	盧龍縣	二年二月改	本永平府首縣遵令裁府留縣
灤縣	灤州	二年二月改	
堯山縣	唐山縣	二年	
遵化縣	遵化直隸州	二年二月改	
興隆縣		十九年十二月置。設治於興隆山鎮地方	
清苑縣	清苑縣	二年二月改	本保定府首縣遵令裁府留縣

徐水縣　安肅縣　三年六月改

安國縣　祁縣　三年一月改

安新縣　安州　二年二月改

正定縣　正定縣　二年二月改　本正定府首縣遵令裁府留縣

晉縣　晉州　二年二月改

易縣　易州直隸州　二年二月改

淶源縣　廣昌縣　三年一月改

定縣　定州直隸州　二年二月改

深縣　深州直隸州　二年二月改

大名縣　大名　魏　縣　三年一月改　本大名府首縣二年一月裁府留縣嗣併爲一縣

濮陽縣　開縣　三年一月改

新名	舊名	改名時間	備註
邢台縣	邢台縣	二年二月改	本順德府首縣遵令裁府留縣
永年縣	永年縣	二年二月改	本廣平府首縣遵令裁府留縣
磁縣	磁州	二年二月改	
冀縣	冀州直隸州	二年二月改	
趙縣	趙州直隸州	二年二月改	
宣化縣	宣化縣	二年二月改	本宣化府首縣遵令裁府留縣
龍關縣	龍門縣	三年一月改	
陽原縣	西寧縣	三年一月改	
蔚縣	蔚州	二年二月改	
延安縣	延慶州	二年二月改	
涿鹿縣	保安縣	三年一月改	

遼寧省原奉天省領縣五十七新改之縣二十九新置縣三。

今名	舊名	改置
瀋陽縣	承德縣	二年五月改（二年一月遵令改奉天府爲縣並改名嗣復改今名）
東豐縣	東平縣	三年一月改
營口縣	營口直隸廳	二年二月改
遼陽縣	遼陽州	二年二月改
台安縣	遼中 鎮安 縣	三年一月改置
錦縣	錦州府	二年二月改
新民縣	新民府	二年二月改
黑山縣	鎮安縣	三年一月改
盤山縣	盤山廳	二年二月改
北鎮縣	廣寧縣	三年一月改

義縣	義州	二年二月改
興城縣	寧遠縣	三年一月改
錦西縣	錦西廳	二年二月改
興京縣	興京府	二年二月改
鳳城縣	鳳凰縣	三年一月改
桓仁縣	懷仁縣	三年一月改
長白縣	長白府	二年二月改
海龍縣	海龍府	二年二月改
輝南縣	輝南直隸廳	二年二月改
金縣	金州	二年二月改
復縣	復州	二年二月改

岫巖縣	岫巖州	二年二月改
莊河縣	莊河廳	二年二月改
洮南縣	洮南府	二年二月改
遼源縣	遼源州	二年二月改
昌圖縣	昌圖府	二年二月改
洮安縣	靖安縣	三年一月改
梨樹縣	奉化縣	三年一月改
突泉縣	醴泉縣	三年一月改
金川縣	小金川	十八年七月增設
法庫縣	法庫廳	二年二月改
清源縣	八家鎮	十八年七月增設

吉林省領縣三十九新改之縣二十。

吉林縣　吉林府　二年三月改　十八年改稱永吉縣

長春縣　長春府　二年三月改

伊通縣　伊通直隸州　二年三月改

濛江縣　濛江州　二年三月改

濱江縣　濱江廳　二年三月改

扶餘縣　新城縣　二年三月改

雙城縣　雙城府　二年三月改

賓縣　賓州府　二年三月改

五常縣　五常府　二年三月改

榆樹縣　榆樹直隸廳　二年三月改

同濱縣 長壽縣 二年三月改 十八年改稱延壽縣

延吉縣 延吉府 三年六月改

寧安縣 寧安府 二年三月改

琿春縣 琿春廳 二年三月改

東寧縣 東寧廳 二年三月改

依蘭縣 依蘭府 二年三月改

同江縣 臨江縣 三年一月改

密山縣 密山府 二年三月改

虎林縣 虎林廳 二年三月改

綏遠縣 綏遠州 二年三月改 十八年改稱撫綏縣

黑龍江領縣四十三○新改縣十三○新置十五●

龍江縣	龍江府	二年三月改
嫩江縣	嫩江府	二年三月改
大賚縣	大賚廳	二年三月改
肇州縣	肇州廳	二年三月改
安達縣	安達廳	二年三月改
訥河縣	訥河直隸廳	二年三月改
肇東縣	肇東設治局	二年十二月置
泰來鎮設治局		二年十一月置
綏化縣	綏化府	二年三月改
呼蘭縣	呼蘭府	二年三月改
海倫縣	海倫府	二年三月改

巴彥縣	巴彥州	二年三月改
慶成縣	餘慶縣	三年一月改
通河縣	大通縣	三年一月改
龍門鎮設治局		元年十月置
璦琿縣	黑河府 璦琿直隸廳	二年三月改
呼瑪縣	呼瑪廳設治局	二年十二月置
蘿北縣	蘿北設治局	二年十二月置
漠河設治局		三年三月置
佛山	佛山鎮	十八年十一月
鷗浦	黑龍江西倭 西們河東	十八年十一月
奇克	奇克特	仝右

烏雲	黑龍江西岸	仝	右
景星	景星鎮	仝	右
明水	三里三鎮	仝	右
依安	龍泉鎮	仝	右
雅魯	札蘭屯雅魯河流域	仝	右
綏濱	敖來密松花江北岸	仝	右
遜河	遜河設治局	二十年十月	
德都設治局	德都鎮	十八年十一月	
富裕設治局	大來克屯	仝	右
鳳山設治局	岔林河上游	仝	右
遜河（現已改升為遜河縣）	遜河北	仝	右

克東設治局　二克山鎮　十八年十二月

山東省領縣百零九。新改縣二十四。新置縣二。

歷城縣　歷城縣　二年二月改　本濟南府首縣遵令裁府留縣

桓臺縣　新城縣　三年一月改

泰安縣　泰安縣　二年二月改　本泰安府首縣遵令裁府留縣

惠民縣　惠民縣　二年二月改　本武定府首縣遵令裁府留縣

無棣縣　海豐縣　三年一月改

濱縣　濱州　二年二月改

濟寧縣　濟寧直隸州　二年二月改

滋陽縣　滋陽縣　二年二月改　本兗州府首縣遵令裁府留縣

臨沂縣　蘭山縣　三年六月改　本沂州府首縣二年二月遵令裁府留縣

莒縣　莒州　二年二月改

荷澤縣　荷澤縣　二年二月改　本曹州府首縣遵令裁府留縣

聊城縣　聊城縣　二年二月改　本東昌府首縣遵令裁府留縣

高唐縣　高唐州　二年二月改

臨清縣　臨清直隸州　二年二月改

德縣　德州　二年二月改

東平縣　東平州　二年二月改

濮縣　濮州　二年二月改

蓬萊縣　蓬萊縣　二年二月改　本登州府首縣遵令裁府留縣

牟平縣　寧海縣　三年一月改

掖縣　掖縣　二年二月改　本萊州府首縣遵令裁府留縣

平度縣 平度州 二年二月改

膠縣 膠州直隸州 二年二月改

益都縣 益都縣 二年二月改 本青州府首縣遵令裁府留縣

柞城縣 二十二年四月增 設治于柞城鎮

廣饒縣 樂安縣 三年一月改

鄆城縣 二十年三月增 設治于王堌堆

河南省領縣百十二新改縣二十二。新置縣五。

開封縣 祥符縣 二年二月改 本開封府首縣遵令裁府留縣並改今名

禹縣 禹州 二年二月改

商邱縣 商邱縣 二年二月改 本歸德府首縣遵令裁府留縣

睢縣 睢州 二年二月改

淮陽縣　淮寧縣　二年二月改　本陳州府首縣遵令裁府留縣並改今名

許昌縣　許州直隸州　二年二月改

鄭縣　鄭州直隸州　二年二月改

河陰縣　滎澤縣　元年六月置　以滎澤縣河陰鄉析置

安陽縣　安陽縣　二年二月改　本彰德府首縣遵令裁府留縣

汲縣　汲縣　二年二月改　本衛輝府首縣遵令裁府留縣

沁陽縣　河南縣　二年二月改　本懷慶府首縣遵令裁府留縣

陝縣　陝州直隸州　二年二月改

洛陽縣　洛陽縣　二年二月改　本河南府首縣遵令裁府留縣

洛寧縣　永寧縣　三年六月改

臨汝縣　汝州直隸州　二年二月改

信陽縣	信陽州	二年二月改	
南陽縣	南陽縣	二年二月改	本南陽府首縣遵令裁府留縣
泌源縣	唐縣	三年一月改	
鄧縣	鄧州	二年二月改	
方城縣	裕州	二年二月改	
汝南縣	汝陽縣	二年二月改	本汝南府首縣遵令裁府留縣
潢川縣	光州直隸州	二年二月改	
淅川縣	淅川直隸州	二年二月改	
博愛	清化鎮	十八年七月置	
平等	莘營	仝右	
自由	白沙鎮	仝右	

民權　李壎集　仝右

廣武　河陰　二十年六月

山西省領縣百零五。新改縣二十九。

陽曲縣　陽曲縣　元年五月改　本太原府首縣遵令裁府留縣

嵜嵐縣　嵜嵐州　元年五月改

汾陽縣　汾陽縣　元年五月改　本汾陽府首縣遵令裁府留縣

中陽縣　甯鄉縣　三年一月改

離石縣　永甯縣　三年一月改

長治縣　長治縣　元年五月改　本潞安府首縣遵令裁府留縣

晉城縣　鳳台縣　三年一月改　本澤州府首縣遵令裁府留縣並改今名

遼縣　遼州直隸州　元年五月改

沁縣	沁州直隸州	元年五月改	
平定縣	平定直隸州	元年五月改	
昔陽縣	樂平縣	三年一月改	
代縣	代州直隸州	元年五月改	
大同縣	大同縣	元年五月改	本大同府首縣遵令裁府留縣
渾源縣	渾源州	元年五月改	
應縣	應州	元年五月改	
右玉縣	右玉縣	元年五月改	本朔平府首縣裁府留縣
朔縣	朔州	元年五月改	
甯武縣	甯武縣	元年五月改	本甯武府首縣裁府留縣
忻縣	忻州直隸州	元年五月改	

新名	舊名	改定時間	附註
保德縣	保德直隸州	元年五月改	
臨汾縣	臨汾縣	元年五月改	本平陽府首縣裁府留縣
安澤縣	岳陽縣	三年六月改	
汾城縣	太平縣	三年一月改	
吉縣	吉州	元年五月改	
永濟縣	永濟縣	元年五月改	本蒲州府首縣裁府留縣
解縣	解州直隸州	元年五月改	
新絳縣	絳州直隸州	元年五月改	
霍縣	霍州直隸州	元年五月改	
隰縣	隰州直隸州	元年五月改	

江蘇省領縣六十一。新改之縣二十五。新置之縣二。

江寧縣　江寧 上元 縣　元年一月改　本江寧府首縣裁府併縣

鎮江縣　丹徒縣　十七年一月改　本鎮江府首縣元年一月裁府留縣仍丹徒舊名至十七年改鎮江縣

揚中縣　太平縣　三年一月改

松江縣　華亭縣　三年一月改　元年一月以松江府附之華亭縣婁縣併爲華亭縣嗣改今名

川沙縣　川沙廳　元年一月改

太倉縣　太倉直隸州 鎮洋縣　元年一月改

海門縣　海門直隸廳　元年一月改

吳縣　長州縣吳縣元和縣 太湖廳 靖湖廳　元年四月改　本蘇州府首縣元年一月裁府併縣嗣將兩廳併入

常熟縣　常熟 昭文 縣　元年一月改

崑山縣　崑山 新陽 縣　元年一月改

吳江縣　吳江 震澤 縣　元年一月改

今名	舊名	改名時間	附註
武進縣	武進、陽湖縣	元年一月改	本常州府首縣裁府留縣
無錫縣	無錫、金匱縣	元年一月改	
宜興縣	宜興、荆溪縣	元年一月改	
南通縣	通州直隸州	元年一月改	
淮陰縣	清河縣	三年一月改	
淮安縣	山陽縣	三年一月改	本淮安府首縣元年一月裁府留縣嗣改今名
泗陽縣	桃源縣	三年一月改	
漣水縣	安東縣	三年一月改	
江都縣	江都、甘泉縣	元年一月改	本揚州府首縣裁府留縣
泰縣	泰州	元年一月改	
高郵縣	高郵州	元年一月改	

銅山縣 銅山縣 元年一月改 本徐州府首縣裁府留縣

邳縣 邳州 元年一月改

東海縣 海州直隸州 元年一月改

灌雲縣 海州直隸州 元年四月置 以東海縣板浦等地析置

啓東縣 原崇明外沙 十八年七月置

安徽省領縣六十一。新改之縣十九。新置一。

懷寧縣 懷寧縣 元年一月改 本安慶府首縣裁府留縣

合肥縣 合肥縣 元年一月改 本廬州府首縣裁府留縣

無爲縣 無爲州 元年四月改

滁州 滁州直隸州 元年四月改

和縣 和州直隸州 元年四月改

當塗縣	當塗縣	元年一月改	本太平府首縣裁府留縣
廣德縣	廣德直隸州	元年四月改	
郎溪縣	建平縣	三年一月改	
歙縣	歙縣	元年一月改	本徽州府首縣裁府留縣
宣城縣	宣城縣	元年一月改	本甯國府首縣裁府留縣
貴池縣	貴池縣	元年一月改	本池州府首縣裁府留縣
秋浦縣	建德縣	三年一月改	
鳳陽縣	鳳陽縣	元年一月改	本鳳陽府首縣裁府留縣
壽縣	壽州	元年四月改	
宿縣	宿州	元年四月改	
阜陽縣	阜陽縣	元年一月改	本潁州府首縣裁府留縣

亳縣	亳州	元年四月改
六安縣	六安直隸州	元年四月改
泗縣	泗州直隸州	元年四月改
嘉山縣		二十一年十二月置。設治于三界鎮

江西省領縣八十二。新改之縣二十九。新置縣一。

南昌縣	南昌縣	元年十月改	本南昌府首縣裁府留縣
新建縣	新建縣	元年十月改	同上
南城縣	南城縣	元年十月改	本建昌府首縣裁府留縣
黎川縣	新城縣	三年一月改	
資溪縣	瀘溪縣	三年一月改	
臨川縣	臨川縣	元年十月改	本撫州府首縣裁府留縣

餘江縣　安仁縣　三年一月改

上饒縣　上饒縣　元年十月改　本廣信府首縣裁府留縣

橫峯縣　興安縣　三年一月改

宜春縣　宜春縣　元年十月改　本袁州府首縣裁府留縣

吉安縣　廬陵縣　三年六月改　本吉安府首縣元年十月裁府留縣因與廬陵道重複改名

遂川縣　龍泉縣　三年一月改

寧岡縣　永寧縣　三年一月改

蓮花縣　蓮花廳　元年二月改

清江縣　清江縣　元年十月改　本臨江府首縣裁府留縣

高安縣　高安縣　元年十月改　本瑞州府首縣裁府留縣

宜豐縣　新昌縣　三年一月改

贛縣	贛縣	元年十月改	本贛州府首縣裁府留縣
尋鄔縣	長寧縣	三年一月改	
定南縣	定南廳	元年二月改	
虔南縣	虔南廳	元年二月改	
大庾縣	大庾廳	元年十月改	本南安府首縣裁府留縣
甯都縣	甯都直隸州	元年十月改	
九江縣	德化縣	三年一月改	本九江府首縣元年裁府留縣嗣改今名
星子縣	星子縣	元年十月改	本南康府首縣裁府留縣
永修縣	建昌縣	三年六月改	
鄱陽縣	鄱陽縣	元年一月改	本饒州府首縣裁府留縣
修水縣	義寧縣	三年一月改	

銅鼓縣　銅鼓廳　元年四月改

平赤縣　二十年九月置　設治於東固圩東之南龍。

福建省領縣六十四。新改之縣十五。新置縣二。

閩侯縣　閩縣 侯官縣　二年三月改　本福州府首縣今裁府併縣

永泰縣　永福縣　三年一月改

霞浦縣　霞浦縣　二年三月改　本福寧府首縣遵令裁府留縣

平潭縣　平潭廳　二年十月改

思明縣　廈門廳　三年三月改

莆田縣　莆田縣　三年三月改　本興化府首縣遵令裁府留縣

金門縣　思明縣　三年七月改

晉江縣　晉江縣　二年三月改　本泉州府首縣遵令裁府留縣

永春縣	永春直隸州	二年三月改	
龍巖縣	龍巖直隸州	二年三月改	
長汀縣	長汀縣	二年三月改	本汀州府首縣遵令裁府留縣
雲霄縣	雲霄廳	二年三月改	
龍溪縣	龍溪縣	二年三月改	本漳州府首縣遵令裁府留縣
南平縣	南平縣	二年三月改	本延平府首縣遵令裁府留縣
建甌縣	建安甌寧縣	二年三月改	本建寧府首縣遵令裁府留縣
邵武縣	邵武縣	二年三月改	本邵武府首縣遵令裁府留縣
東山縣	詔安縣	十五年析詔安漳浦置	
華安縣		十七年五月置　設治于華葑	

浙江省領縣七十五。新改之縣十八。

杭縣	仁和 錢塘 縣	元年二月改	本杭州府首縣遵令裁府併縣並改今名
海寧縣	海寧州	元年二月改	
新登縣	新城縣	三年一月改	
嘉興縣	嘉禾縣	三年一月改	本嘉興府附郭之嘉興秀水兩縣元年一月裁府併縣嗣改今名
崇德縣	石門縣	三年一月改	
吳興縣	烏程 歸安 縣	元年二月改	本湖州府首縣裁府併縣并改今名
鄞縣	鄞縣	元年二月改	本寧波府首縣裁府留縣
南田縣	石浦 南田 縣	元年二月改	
定海縣	定海直隸廳	元年二月改	
紹興縣	山陰 會稽 縣	元年二月改	本紹興府首縣裁府併縣并改今名
臨海縣	臨海縣	元年二月改	本台州府首縣裁府留縣

溫嶺縣　太平縣　三年一月改

金華縣　金華縣　元年二月改　本金華府首縣裁府留縣

衢縣　西安縣　元年二月改　本衢州府首縣裁府留縣改名

建德縣　建德縣　元年二月改　本嚴州府首縣裁府留縣

永嘉縣　永嘉縣　元年二月改　本溫州府首縣裁府留縣

麗水縣　麗水縣　元年二月改　本處州府首縣裁府留縣

玉環縣　玉環廳　元年二月改

湖北省領縣六十九。新改之縣二十一。

武昌縣　江夏縣　二年一月改　本武昌府首縣元年裁府留縣並改名

鄂城縣　壽昌縣　三年一月改　二年五月改武昌縣爲壽昌縣嗣改今名

陽新縣　興國縣　三年一月改　元年一月改州爲縣嗣改今名

漢陽縣	漢陽縣	元年一月改	本漢陽府首縣裁府留縣
夏口縣	夏口廳	元年一月改	
沔陽縣	沔陽州	元年一月改	
黄岡縣	黄岡縣	元年一月改	本黄州府首縣裁府留縣
蘄春縣	蘄州	元年一月改	
安陸縣	安陸縣	元年一月改	本德安府首縣裁府留縣
隨縣	隨州	元年一月改	
襄陽縣	襄陽縣	元年一月改	本襄陽府首縣裁府留縣
鍾祥縣	鍾祥縣	元年一月改	本安陸府首縣裁府留縣
荊門縣	荊門直隸州	元年一月改	
均縣	均州	元年一月改	

新縣名	舊名	改置時間	備考
鄖縣	鄖縣	元年一月改	本鄖陽府首縣裁府留縣
宜昌縣	東湖縣	元年一月改	本宜昌府首縣裁府並改今名
江陵縣	江陵縣	元年一月改	本荊州府首縣裁府留縣
五峯縣	長樂縣	元年一月改	
秭歸縣	歸州	元年一月改	
恩施縣	恩施縣	元年一月改	本施南府首縣裁府留縣
鶴峰縣	鶴峰直隸州	元年一月改	

湖南省領縣七十六。新改之縣二十七。新置縣一。

新縣名	舊名	改置時間	備考
長沙縣	長沙 善化 縣	二年九月改	本長沙府首縣元年四月併縣歸府嗣遵令裁府改縣
茶陵縣	茶陵州	二年九月改	
寶慶縣	邵陽縣	二年十月改	本寶慶府首縣二年九月遵令裁府改縣並改今名

武岡縣　武岡州　二年九月改

衡陽縣　衡陽 清水 縣　二年九月改　本衡州府首縣元年二月併縣歸府嗣遵令裁府改縣並改今名

零陵縣　零陵縣　二年九月改　本永州府首縣元年六月裁縣留府嗣遵令裁府留縣

道縣　道州　二年九月改

郴縣　郴州直隸州　二年九月改

資興縣　興寧縣　三年一月改

汝城縣　桂陽縣　二年二月改

桂陽縣　桂陽直隸州　二年九月改

常德縣　武陵縣　二年十月改　本常德府首縣清宣統三年十月裁縣留府嗣遵令裁府改縣並改今名

岳陽縣　巴陵縣　二年十月改　本岳州府首縣元年二月裁縣留府遵令裁府改縣並改今名

漢壽縣　龍陽縣　元年二月改

澧縣	澧州直隸州	二年九月改	
臨澧縣	安福縣	三年一月改	
大庸縣	永定縣	三年一月改	
南縣	南州直隸州	二年九月改	
鳳凰縣	鳳凰直隸州	二年九月改	
沅陵縣	沅陵縣	二年九月改	本辰州府首縣元年一月裁縣留府嗣遵令裁府留縣
芷江縣	芷江縣	二年九月改	本沅州府首縣元年三月裁縣留府嗣遵令裁府留縣
永順縣	永順縣	二年九月改	本永順府首縣元年二月裁縣留府嗣遵令裁府留縣
古丈縣	古丈坪廳	二年九月改	
靖縣	靖州直隸州	二年九月改	
乾城縣	乾縣	三年一月改	

永綏縣	永綏直隸廳	二年九月改	
晃縣	晃州直隸廳	二年九月改	
陽明縣		十八年十二月置	

陝西省領縣九十二新改之縣二十五新置之縣一

長安縣	長安 咸甯 縣	二年二月改	本西安府首縣遵令裁府留縣 三年一月將咸甯縣併入
耀縣	耀州	二年二月改	
潼關縣	潼關廳	二年二月改	
商縣	商州直隸州	二年二月改	
柞水縣	孝義縣	三年一月改	
鳳翔縣	鳳翔縣	二年二月改	
隴縣	隴州	二年二月改	本鳳翔府首縣遵令裁府留縣

邠縣	邠州直隸州	二年二月改
栒邑縣	三水縣	三年一月改
乾縣	乾州直隸州	二年二月改
南鄭縣	南鄭縣	二年二月改　本漢中府首縣遵令裁府留縣
甯羌縣	甯羌州	二年二月改
佛坪縣	佛坪廳	二年二月改
鎮巴縣	定遠縣	三年一月改
留壩縣	留壩廳	二年二月改
漢陰縣	漢陰廳	二年二月改
磚坪縣	磚坪廳	二年二月改
安康縣	安康縣	二年二月改　本興安府首縣遵令裁府留縣

甯陝縣	甯陝廳	二年二月改	
楡林縣	楡林縣	二年二月改	本楡林府首縣遵令裁府留縣
橫山縣	懷遠縣	三年一月改	
葭縣	葭州	二年二月改	
膚施縣	膚施縣	二年二月改	本延安府首縣遵令裁府留縣
綏德縣	綏德直隸州	二年二月改	
鎭坪縣		三年一月置	析平利縣置
鄜縣	鄜州直隸州	二年二月改	
平民縣		十八年二月置	設治於大慶關

甘肅省領縣六十五。新改之縣二十三。新置之縣十一。

臯蘭縣	臯蘭縣	二年四月改	本蘭州府首縣遵令裁府留縣

狄道縣	狄道州	二年四月改	
紅水縣	紅水分縣	二年四月改	以皋蘭所屬分縣置縣
導河縣	河州	二年四月改	
和政縣		十八年十月置	設治于寧河堡
洮沙縣	沙縣	三年一月改	
永靖縣		十八年四月置	設治于蓮花城
安西縣	安定縣	三年一月改	
隴西縣	隴西縣	二年四月改	本鞏昌府首縣遵令裁府留縣
臨潭縣	洮州廳	二年四月改	
康縣	永康縣	十七年五月置	設治于白馬關
岷縣	岷州	二年四月改	

漳縣	漳縣分縣	二年四月改	以隴西縣所屬分縣置縣
天水縣	秦州直隸州	二年四月改	
武山縣	甯遠縣	三年一月改	
武都縣	階州直隸州	二年四月改	
西固縣	西固分州	二年四月改	以階州直隸州所屬分州置縣
平涼縣	平涼縣	二年四月改	本平涼府首縣遵令裁府留縣
靜寧縣	靜寧州	二年四月改	
莊浪縣	莊浪分縣	二年四月改	以隆德縣所屬分縣置縣
慶陽縣	安化縣	三年一月改	本慶陽府首縣二年四月裁府留縣嗣改今名
康樂設治局	洮西胭脂三川之新集	廿二年二月置	
寧縣	寧州	二年四月改	

涇川縣	涇縣	三年一月改	
固原縣	固原直隸州	二年四月改	
海原縣	海城縣	三年一月改	
化平縣	化平直隸廳	二年四月改	
武威縣	武威縣	二年四月改	本涼州府首縣遵令裁府留縣
平番縣	平番縣	二年四月改	以西大通分縣併入
張掖縣	張掖縣	二年四月改	本甘州府首縣遵令裁府留縣
東樂縣	東樂分縣	二年四月置	以張掖縣所屬分縣置縣
撫彝縣	撫彝廳	二年四月改	
酒泉縣	肅州直隸州	二年四月改	
金塔縣	王子莊分州	二年四月置	以肅州直隸州所屬分州置縣

毛目縣	毛目分縣	二年四月置	以高臺縣所屬分縣置縣
安西縣	安西直隸州	二年四月改	

寧夏省（原甘肅省寧夏道及阿拉善額魯特旗額濟納旗）領縣七。設治局三。

寧夏縣	寧夏縣	二年四月改	本寧夏府首縣遵令裁府留縣以下六縣十七年後改隸寧夏省
寧朔縣	寧朔縣	二年四月改	本寧夏府首縣遵令裁府留縣
靈武縣	靈州	二年四月改	
磴口縣		十八年二月	設治於磴口鎮
鹽池縣	花馬池分州	二年四月置	以靈州所屬分州置縣
金積縣	寧靈廳	二年四月改	
鎮戎縣	平遠縣	三年一月改	
陶樂設治局		十八年十一月	陶樂湖灘

紫湖設治局　十八年十一月　阿拉善旗紫泥湖

居延設治局　仝　右　額濟納居延海泊

青海省（原甘肅西寧道及青海）領縣十二。其中新置之縣凡七。

西寧縣　西寧縣　二年四月改　本西寧府首縣遵令裁府留縣以下五縣十七年後改隸青海省

循化縣　循化廳　二年四月改

貴德縣　貴德廳　二年四月改

巴戎縣　巴燕戎格廳　二年四月改

湟源縣　丹噶爾廳　二年四月改

共和　設治曲溝　廿年三月

亹源　設治北大通　仝　右

同仁　設治隆務寺　仝　右

玉樹　設治結古　仝右

民和　設治古鄯　仝右

互助　設治威遠堡　仝右

都蘭　設治都蘭寺　仝右

新疆省領縣五十九。新改之縣二十。新置之縣十二。

迪化縣　迪化縣　二年四月改　本迪化府首縣遵令裁府留縣

呼圖壁縣　昌吉縣析置

鎮西縣　鎮西直隸廳　二年四月改

哈密縣　哈密直隸廳　二年四月改

吐魯番縣　吐魯番直隸廳　二年四月改

烏蘇縣　庫爾哈喇烏蘇直隸廳　二年四月改

伊寧縣	甯遠縣	二年一月改	本伊犁府首縣遷令裁府留縣
綏定縣	綏定縣	二年四月改	
精河縣	精河直隸廳	二年四月改	
塔城縣	塔爾巴哈台直隸廳	二年四月改	
額敏縣			塔城析置
霍爾果斯縣	綏定縣	三年五月置	以綏定縣之霍爾果斯地方析置
沙灣縣			綏來析置
阿克蘇縣	溫宿府	二年四月改	
烏什縣	烏什直隸廳	二年四月改	
庫車縣	庫車直隸州	二年四月改	
焉耆縣	焉耆縣	二年四月改	

犂尉縣 新平縣 三年一月改

疏勒縣 疏勒府 二年四月改

巴楚縣 巴楚州 二年四月改

麥蓋提縣 巴楚析置

莎車縣 莎車府 二年四月改

澤普縣 葉城析置

蒲犂縣 蒲犂廳 二年四月改

英吉沙縣 英吉沙爾直隸廳 二年四月改

和闐縣 和闐直隸州 二年四月改

墨玉縣 和闐析置

且末縣 于闐縣 三年五月改 以于闐縣之卡墻地方析置

乾德縣	乾德城	十七年五月置
策勒縣	策勒村	十八年一月置
葉爾羌縣	莎車縣回城	十八年十一月置
木壘河縣	木壘河	十九年二月置
柯坪縣	原柯坪分縣治所	十九年十月置
托克蘇縣	原托克蘇分縣治所	仝右置
阿瓦提縣	原阿瓦提分縣治所	仝右置
吉木乃縣	原吉木乃分縣治所	仝右
哈巴河縣	原哈巴河分縣治所	仝右
鞏留縣	托古斯塔柳地方	廿一年三月

新置設治局名	設治地點	奉准年月

托克遜	原托古遜分縣治所	十九年十月
和什托落蓋	原和什托落蓋分縣治所	仝右
七角井	原七角井分縣治所	仝右
烏拉克恰提	原烏拉克恰提分縣治所	仝右
賽圖拉	原賽圖拉分縣治所	仝右
庫爾勒	原庫爾勒分縣治所	仝右

四川省領縣百四十八。新改之縣五十二。新置縣二。

成都縣	成都縣	二年二月改	本成都府首縣遷令裁府留縣
華陽縣	華陽縣	二年二月改	同前
簡陽縣	簡州	二年二月改	
廣漢縣	漢州	二年二月改	

崇慶縣	崇慶州	二年二月改	
平武縣	平武縣	二年二月改	本龍安府首縣遵令裁府留縣
北川縣	石泉縣	三年一月改	
茂縣	茂州直隸州	二年二月改	
綿陽縣	綿州直隸州	二年二月改	
懋功縣	懋功直隸廳	三年六月改	
松潘縣	松潘直隸廳	三年六月改	
理番縣	理番直隸廳	三年六月改	
巴縣	巴縣	二年二月改	本重慶府首縣遵令裁府留縣
涪陵縣	涪州	二年二月改	
合川縣	合州	二年二月改	

江北縣	江北廳	二年二月改	
武勝縣	定遠縣	三年一月改	
奉節縣	奉節縣	二年二月改	本夔州府首縣遵令裁府留縣
巫溪縣	大寧縣	三年一月改	
達縣	達縣	二年二月改	本綏定府首縣遵令裁府留縣
開江縣	新寧縣	三年一月改	
宣漢縣	東鄉縣	三年一月改	
萬源縣	太平縣	三年一月改	
城口縣	城口廳	二年二月改	
忠縣	忠州直隸州	二年二月改	
酉陽縣	酉陽直隸州	二年二月改	

石砫縣　石砫直隸州　二年二月改

雅安縣　雅安縣　二年二月改　本雅州府首縣遵令裁府留縣

漢源縣　淸溪縣　三年一月改

西昌縣　西昌縣　二年二月改　本寧遠府首縣遵令裁府留縣

天全縣　天全州　二年二月改

會理縣　會理州　二年二月改

鹽邊縣　鹽邊廳　二年二月改

越巂縣　越巂廳　三年六月改

樂山縣　樂山縣　二年二月改　本嘉定府首縣遵令裁府留縣

峨邊縣　峨邊廳　三年六月改

眉山縣　眉山直隸州　二年二月改

卭崍縣	卭州直隸州	二年二月改	
瀘縣	瀘州直隸州	二年二月改	
宜賓縣	宜賓縣	二年二月改	本叙州府首縣遵令裁府留縣
馬邊縣	馬邊廳	三年六月改	
資中縣	資州直隸州	二年二月改	
叙永縣	永寧直隸州	二年二月改	
雷波縣	雷波廳	三年六月改	
閬中縣	閬中縣	二年二月改	本保寧府首縣遵令裁府留縣
南充縣	南充縣	二年二月改	本順慶府首縣遵令裁府留縣
巴中縣	巴州	二年二月改	
劍閣縣	劍州	二年二月改	

蓬安縣 蓬州 二年二月改

廣安縣 廣安州 二年二月改

三台縣 三台縣 二年二月改 本潼川府首縣遵令裁府留縣

寶興縣 十八年十二月置 設治於穆坪

達南縣 東安縣 三年一月改

甯南縣 十九年四月置 設治於會理縣屬披沙地方

金湯設治局 金湯壩 廿一年六月

廣東省領縣九十四。新改之縣三十八。

番禺縣 番禺縣 民國紀元前舊歷九月改 本廣州首縣裁府留縣

南海縣 南海縣 民國紀元前舊歷九月改 本廣州府首縣裁府留縣並移治佛山鎮

台山縣 新甯縣 三年一月改

中山縣	香山縣	十四年四月改	因紀念總理功德以誌不忘
寶安縣	新安縣	三年一月改	
佛岡縣	佛岡廳	三年六月改	
赤溪縣	赤溪直隸廳	民國紀元前舊歷九月改	
高要縣	高要縣	民國紀元前舊歷九月改	本肇慶府首縣裁府留縣
德慶縣	德慶州	民國紀元前舊歷九月改	
羅定縣	羅定直隸州	民國紀元前舊歷九月改	
雲浮縣	東安縣	三年一月改	
鬱南縣	西甯縣	三年一月改	
曲江縣	曲江縣	民國紀元前舊歷九月改	本韶州府首縣裁府留縣
南雄縣	南雄直隸州	民國紀元前舊歷九月改	

連縣	連州直隸州	民國紀元前舊歷九月改
連山縣	連山直隸廳	民國紀元前舊歷九月改
惠陽縣	歸善縣	民國紀元前舊歷九月改 本惠州府首縣裁府留縣并改今名
新豐縣	長寧縣	三年一月改
紫金縣	永安縣	三年一月改
連平縣	連平州	民國紀元前舊歷九月改
潮安縣	海陽縣	三年一月改 本潮州府首縣民國紀元前舊歷九月裁府留縣嗣改名
南澳縣	南澳廳	民國紀元前舊歷九月改
梅縣	嘉應直隸州	民國紀元前舊歷九月改
五華縣	長樂縣	三年一月改
蕉嶺縣	鎮平縣	三年一月改

茂名縣	茂名縣	民國紀元前舊曆九月改	本高州府首縣裁府留縣
化縣	化州	民國紀元前舊曆九月改	
廉江縣	石城縣	三年一月改	
海康縣	海康縣	民國紀元前舊曆九月改	本雷州府首縣裁府留縣
陽江縣	陽江直隸州	民國紀元前舊曆九月改	
瓊山縣	瓊山縣	民國紀元前舊曆九月改	本瓊州府首縣裁府留縣
瓊東縣	會同縣	三年一月改	
儋縣	儋州	民國紀元前舊曆九月改	
崖縣	崖州直隸州	民國紀元前舊曆九月改	
萬寧縣	萬縣	三年一月改	
昌江縣	昌化縣	三年一月改	

欽縣　欽州直隸州　民國紀元前舊歷九月改

合浦縣　合浦縣　民國紀元前舊歷九月改　本廉州府首縣裁府留縣

廣西省領縣八十六新改之縣三十七。新置縣一。

邕寧縣　南寧縣　三年六月改　本南寧府首縣二年六月遵令裁府留縣並改用府名嗣改今名

扶南縣　新甯縣　三年一月改

綏淥縣　忠州

横縣　横州　元年一月改

武鳴縣　思恩府武緣縣　二年六月改

賓陽縣　賓州　元年一月改

上林縣　上林武鳴

那馬縣　那馬廳　元年一月改

都安縣	武鳴恩隆		
隆山縣	武鳴恩隆		
果德縣	隆安武鳴恩隆		
蒼梧縣	蒼梧縣	二年六月改	本梧州府首縣遵令裁府留縣
信都縣	信都廳	元年一月改	
桂平縣	桂平縣	二年六月改	本潯州府首縣遵令裁府留縣
鬱林縣	鬱林直隸州	二年六月改	
桂林縣	臨桂縣	二年六月改	本桂林府首縣遵令裁府留縣
百壽縣	永寧縣	三年一月改	初爲古化縣廿二年二月十一日以有背民衆奮勵求新之精神改今名
全縣	全州	元年一月改	
鍾山縣	鍾山防樂二區		

龍勝縣　龍勝廳　元年一月改

平樂縣　平樂縣　二年六月改　本平樂府首縣遵令裁府留縣

蒙山縣　永安縣　三年一月改

中渡縣　中渡廳　元年一月改

馬平縣　馬平縣　二年六月改　本柳州府首縣遵令裁府留縣

三江縣　懷遠縣　三年一月改

象縣　象州　元年一月改

宜山縣　宜山縣　二年六月改　本慶遠府首縣遵令裁府留縣

河池縣　河池州　元年一月改

宜北縣　安化縣　三年一月改

百色縣　百色直隸廳　二年六月改

向都縣	向武都康上映三土州		
淩雲縣	淩雲縣	二年六月改	本泗州府首縣遵令裁府留縣
東蘭縣	東蘭州	元年一月改	
天保縣	天保縣	二年六月改	本鎮安府首縣遵令裁府留縣
奉議縣	奉議州	元年一月改	
龍州縣	龍州廳	二年六月改	
馮祥縣	馮祥廳	元年一月改	
崇善縣	崇善縣	二年六月改	本太平府首縣遵令裁府留縣
養利縣	養利州	元年一月改	
龍茗縣	茗盈、全茗、龍英三土司改。		
左縣	左州	元年一月改	

鎮結縣　佶倫、結安、都結、鎮遠四土司改。

同正縣　永康縣　三年一月改

思樂縣　思州思陵兩土司改。

寧明縣　寧明州　元年一月改

明江縣　明江廳　元年一月改

靖西縣　歸順直隸州　二年六月改

萬承縣　十八年八月　設治於州衙。

雲南省領縣一百九。新改之縣六十七。新置之縣十六。

昆明縣　昆明縣　二年四月改　本雲南府首縣遵令裁府留縣

嵩明縣　嵩明州　二年四月改

晉寧縣　晉寧州　二年四月改

安寧縣	安寧州	二年四月改
昆陽縣	昆陽州	二年四月改
武定縣	武定直隸州	二年四月改
曲靖縣	南寧縣	二年四月改 本曲靖府首縣遵令裁府留縣并改名
宣威縣	宣威州	二年四月改
霑益縣	霑益州	二年四月改
馬龍縣	馬龍州	二年四月改
陸良縣	陸凉州	二年四月改
羅平縣	羅平州	二年四月改
尋甸縣	尋甸州	二年四月改
巧家縣	巧家廳	二年四月改

會澤縣　東川縣　二年四月改　初爲東川縣本東川府首縣遵令裁府留縣幷改名十八年十一月廿三日恢復舊名

昭通縣　恩安縣　二年四月改　本昭通府首縣遵令裁府留縣幷改名

綏江縣　靖江縣　三年一月改

魯甸縣　魯甸廳　二年四月改

大關縣　大關廳　二年四月改

澂江縣　河陽縣　二年四月改　本澂江府首縣遵令裁府留縣並改名

新興縣　新興州　二年四月改

路南縣　路南州　二年四月改

鎭雄縣　鎭雄直隸州　二年四月改

楚雄縣　楚雄縣　二年四月改　本楚雄府首縣遵令裁府留縣

雙柏縣　南安縣　三年一月改　初爲摩芻縣十八年六月十九日因摩芻爲夷寨之名無意義欠雅馴改今名

牟定縣　定遠縣　三年一月改

鹽興縣　定遠廣通縣　二年四月改　以定遠廣通兩縣之黑鹽井等地方析置

建水縣　臨安縣　三年一月改　本臨安府首縣二年四月裁府留縣並用府名嗣仍復舊名

石屏縣　石屏州　二年四月改

開遠縣　阿迷州　二年四月改　初為阿迷縣二十年十二月三十一日因原係土名改今名

華寧縣　寧縣　三年一月改　初為黎縣二十年十二月三十一日因原名欠雅馴改今名

箇舊縣　箇舊廳　二年四月改

峩山縣　嶍峩縣　十八年十一月二十三日因嶍字為電碼所無、文電困難改今名。

文山縣　開化縣　三年一月改　本開化府首縣二年四月遵令裁府留縣并用府名嗣仍復舊名

馬關縣　安平縣　三年一月改

廣南縣　寶寧縣　二年四月改　本廣南府首縣遵令裁府留縣并改名

富州縣　富州廳　二年四月改

瀘西縣　廣西直隸州　二年四月改　初爲廣西縣十八年十一月廿三日因與廣西省名重複改今名

思茅縣　思茅廳　二年四月改

甯洱縣　普洱縣　三年六月改　本普洱府首縣二年四月遵令裁府留縣并改用府名茲仍復舊名

他郎縣　他郎廳　二年四月改

景谷縣　威遠縣　三年一月改

元江縣　元江直隸州　二年四月改

瀾滄縣　鎮邊縣　三年一月改

鎮沅縣　鎮沅直隸廳　二年四月改

景東縣　景東直隸廳　二年四月改

緬甯縣	緬甯廳	二年四月改	
騰衝縣	騰越廳	二年四月改	
保山縣	永昌縣	三年一月改	本永昌府首縣二年四月裁府並用府名嗣改名
鎮康縣	永康縣	三年一月改	
龍陵縣	龍陵廳	二年四月改	
大理縣	太和縣	二年四月改	本大理府首縣迨令裁府留縣並改名
洱源縣	浪穹縣	二年四月改	
祥雲縣	雲南縣	十八年十一月廿三日因與省名重複改今名。	
鳳儀縣	趙縣	三年一月改	
鄧川縣	鄧川州	二年四月改	
賓川縣	賓川州	二年四月改	

雲龍縣	雲龍州	二年四月改	
彌渡縣	彌渡州	二年四月改	
麗江縣	麗江縣	二年四月改	本麗江府首縣遵令裁府留縣
蘭坪縣	麗江縣	元年十二月置	以麗江縣所屬蘭坪地方析置
鶴慶縣	鶴慶州	二年四月改	
劍川縣	劍川州	二年四月改	
維西縣	維西廳	二年四月改	
中甸縣	中甸縣	二年四月改	
蒙化縣	蒙化直隸廳	二年四月改	
漾濞縣	蒙化直隸廳	元年六月置	以蒙化直隸廳漾濞司地方析置
永北縣	永北直隸廳	二年四月改	

姚安縣	姚州	二年四月改	
鎮南縣	鎮南州	二年四月改	
鹽豐縣		二年三月置	以白鹽井地方析置
順寧縣	順寧縣	二年四月改	本順寧府首縣遵令裁府留縣
雲縣	雲州	二年四月改	
西疇		十八年十一月置	設治西洒街
曲溪		仝右	設治曲江歐旗營
永仁		仝右	設治苴却永定鄉仁和街
雙江		仝右	設治猛猛
車里		十八年十二月置	設治景德
五福		仝右	設治猛遮

佛海　仝右　設治猛海

鎮越　仝右　設治易武

普文　仝右　設治普文

六順　仝右　設治官房

江城　仝右　設治猛烈

屏邊　廿二年二月　設治靖邊行政區

貴州領縣八十一。新改之縣五十七。新置縣十。

貴筑縣　貴陽府　二年九月改　初為貴陽縣十九年十月改今名

息烽縣　貴筑縣　三年八月改　本貴陽府首縣嗣移治禮佐地方三年八月復移治息烽并改名

開陽縣　開州　三年一月改　初為紫江縣十九年四月改今名

定番縣　定番州　二年九月改

大塘縣	定番州	二年九月置	以舊定番州屬大塘州判所轄地方析置
廣順縣	廣順州	二年九月改	
長寨縣	廣順州	二年九月置	以舊廣順州屬長寨州判所轄地方析置
羅甸縣	羅斛廳	二年九月改	羅斛縣十九年四月改今名
平越縣	平越直隸州	二年九月改	
遵義縣	遵義縣	二年九月改	本遵義府首縣元年併歸府旋遵令改稱爲縣
正安縣	正安州	二年九月改	
都匀縣	都匀府	二年九月改	
平舟縣	都匀府	三年九月置	本都匀府首縣元年一月併入都匀府嗣移治平州地方復置縣幷改名
鑪山縣	清平縣	三年一月改	
麻江縣	麻哈州	二年九月改	麻哈縣十九年四月改今名

獨山縣	獨山州	二年九月改
三合縣	獨山州	二年九月置　以舊獨山州屬三脚壆州所轄地方析置
八寨縣	八寨廳	二年九月改
都江縣	都江廳	二年九月改
丹江縣	丹江縣	二年九月改
鎮遠縣	鎮遠府	二年九月改
三穗縣	邛水縣	二年九月置　邛水縣二十年十月改今名以舊鎮遠縣屬邛水縣丞所轄地方析置
黃平縣	黃平州	二年九月改
台拱縣	台拱廳	二年九月改
劍河縣	淸江縣	三年一月改
黎平縣	黎平府	二年九月改

錦屏縣	開泰縣	二年九月改	本黎平府首縣元年八月併入黎平府嗣後設縣移治錦屏鄉地方并改名
榕江縣	古州廳	二年九月改	
下江縣	下江廳	二年九月改	
銅仁縣	銅仁府	二年九月改	
江口縣	銅仁縣	二年九月改	
省溪縣	銅仁府	二年九月置	以舊銅仁府所屬省溪司所轄地方析置
岑鞏縣	思州府	二年九月改	思縣十九年四月改今名
思南縣	思南府	二年九月改	
德江縣	安化縣	三年一月改	
后坪縣	婺川縣	二年九月改	以婺川縣屬后坪彈壓委員所轄地方析置
松桃縣	松桃直隸廳	二年九月改	

石阡縣	石阡府	二年九月改	
鳳岡縣	龍泉縣	三年一月改	鳳泉縣十九年四月改今名
安順縣	安順府	二年九月改	
普定縣	安順府	二年九月置	本安順府首縣元年併入安順府嗣復設縣移治定南地方
鎮寧縣	鎮寧州	二年九月改	
郎岱縣	郎岱廳	二年九月改	
平壩縣	安平縣	三年一月改	
紫雲縣	歸化廳	三年一月改	
安龍縣	興義縣	二年九月改	南籠縣二十年十月改今名
興仁縣	新城縣	三年一月改	
關嶺縣	永寧縣	三年一月改	

貞豐縣　貞豐州　二年九月改

冊亨縣　貞豐州　二年九月置　以舊貞豐州屬冊亨州同所轄地方析置

盤縣　盤州廳　二年九月改

大定縣　大定府　二年九月改

威寧縣　威寧州　二年九月改

黔西縣　黔西州　二年九月改

織金縣　平遠縣　三年一月改

水城縣　水城廳　二年九月改

赤水縣　赤水廳　二年九月改

熱河省領縣十六。設治局一。新改之縣六。新置縣二。十七年前爲特別區。

承德縣　承德府　二年二月改

平泉縣　平泉州　二年二月改

淩源縣　建昌縣　三年一月改

朝陽縣　朝陽府　二年二月改

赤峯縣　赤峯直隸州　二年二月改

經棚縣

圍場縣　圍場廳　二年二月改

林東縣　林東　二十一年八月置

綏遠省領縣十。均新改之縣。十七年前爲特别區。

歸綏縣　歸化縣　三年一月改

薩拉齊縣　薩拉齊廳　元年五月改

清水河縣　清水河廳　元年五月改

托克托縣　托克托城廳　元年五月改

和林格爾縣　和林格爾廳　元年五月改

五原縣　五原廳　元年五月改

武川縣　武川廳　元年五月改

臨河縣　設治臨河　十八年一月置

東勝縣　東勝廳　元年五月改

固陽縣

察哈爾省領縣十六。均新改之縣。民國十七年前爲特別區後改爲省幷益以河北省所屬口北道十縣

張北縣　張家口　二年二月改

沽源縣　獨石口廳　二年二月改爲獨石縣十年改今名。

多倫縣　多倫諾爾廳　二年二月改

豐鎮縣　豐鎮廳　元年五月改

涼城縣　寧遠縣　三年一月改

興和縣　興和廳　元年五月改

商都縣　商都招墾設治局

集寧縣

陶林縣　陶林廳　元年五月改

西康省領縣三十三。新改之縣十九。民國十七年前爲川邊特別區後改西康省

康定縣　康定府　二年三月改設治於打箭鑪

瀘定縣　瀘定橋巡檢　二年三月改

雅江縣　河口縣　二年三月改

理化縣　理化廳　二年三月改

貢噶縣	貢噶分縣	二年三月改
巴安縣	巴安府	二年三月改
義敦縣	三壩廳	二年三月改
甘孜縣	甘孜州	二年三月改
丹巴縣	單東巴底巴旺	二年三月改
昌都縣	昌都府	二年三月改
恩遠縣	恩遠廳	二年三月改
鄧柯縣	登科縣	二年三月改
白玉縣	白玉州	二年三月改
德格縣	德化縣	三年一月改

中國地理沿革史正誤表

南園叢稿卷十六第三〇張下面第十行開生羌，置應作開生羌置。

同　上　第三一張下面第八行西石乳州應作西石乳州。

同　上　第四四張上面第八行緯沁二州應作絳沁二州

同　上　第四七張下面第四行置銀治。應作置銀冶。

同　上　第五〇張下面第八行寶慶軍。應作寶慶軍。

同　上　第五五張中縫大字卷十五應作卷十六

同　上　第七八張上面第八行廓爾喀疆域應作廓爾喀。疆域

同　上　第八六張下面第十一行四十三新改縣十三新應作四十三。新改縣十三。新